だれでもデキます!

FX最強の基本ワザ押し目買い・戻り売りが面白いほど決まる本

standards

はじめに

押し目買い・戻り売りの習得は安定した利益につながる

▼押し目・戻りを正しく使う

押し目・戻りは多くのトレーダーが売買判断に利用しているチャートの形です。上昇トレンド中に一度下落したあとに再び上昇する形を押し目と呼び、下降トレンド中に一度上昇したあとに下落する形を戻りと呼びます。

トレーダーの利益確定などによって相場が一時的にトレンドに対して反転したものの、トレンド方向への売買が多いために押し目・戻りが発生します。トレンドの勢いが強いことを示すため、売買判断に使われているのです。

ですが、押し目・戻りは売買判断に有用な一方で、それだけで勝てるわけではありません。押し目・戻りを使って勝っているトレーダーたちは、基本的な使い方を習得したうえで、自分なりの考えやルールを盛り込むことで安定した利益を得ています。たとえば、トレンドは長期時間足で判断しつつ、短期時間足の押し目・戻りで最終的な売買判断を行ったり、テクニカル指標を使って相場を判断してから押し目・戻りで売買をするなど、トレーダーによって使い方が変わります。

これは押し目・戻りの正しい使い方を知っていることが、彼らが使用する手法を機能させることにつながっているのです。

▼稼ぐトレーダーから押し目買い・戻り売りの勝ち方を知る

押し目・戻りは、一見簡単なようですが、その使いこなしは実戦を通していかないと勝つことは難しいものです。そこで本書では、押し目・戻りを使って稼ぐ6人のFXトレーダーからその見方や使い方、本人の手法の解説、さらに過去に起こった相場の動きからトレーダーたちのトレード内容を説明していきます。

本書は、彼らの勝ち方を丁寧に解説、だれでも押し目買い・戻り売りのポイントを理解し、実戦で使いこなすことができるように作りました。

本書の読み方

6人のトレーダーによるアドバイスを交え、押し目・戻りをどのように使えばいいのかを丁寧に解説していきます。

第1章 押し目・戻りで相場で勝つための知識

押し目・戻りの基本的な動きの特性や、どのような利点をもって使うのか、初めての人にもわかるよう基本から解説しています。

第2章 押し目・戻りを正しく使うためのテクニック

押し目・戻りの使い方やダマシの避け方、併用するテクニカル指標などを解説します。

第3章 勝てるトレーダーになるための投資技術

押し目・戻りを使ううえでのルール作りや、トレードするときに考えることなどの投資技術全般について解説します。

第4章 押し目買い・戻り売りを使ったトレーダーの手法

押し目・戻りで稼ぐトレーダー自身のトレード手法を完全公開。自分に合ったトレード手法を見つけてください。

第5章 シチュエーションで理解！トレーダーの実戦トレード

相場が大きく動いているときや相場の動きが鈍いときなど、計9パターンのシチュエーションに合わせたトレーダーたちの実際のトレード内容を分析。相場状況に合わせてどうトレードすればいいのかがわかります。

本書で押し目・戻りの見方・使い方をアドバイスしてくれるトレーダー

押し目・戻りを使って大きく稼ぐ 現役のFXトレーダー6人

モコさん

ボリンジャーバンド&移動平均線の長期トレード

FX歴▼10年

トレード期間▼長期

実績▼累計1500万

ファンダメンタルズと移動平均線でトレンドを確認、ボリンジャーバンドのラインを使った押し目・戻り確認。長期狙いのトレーダー。

し～さん

ダウ理論で相場分析

FX歴▼12年

トレード期間▼長期

実績▼2022年の収支400万円

エニルさん

移動平均線、トレンドライン、水平線でトレード

FX歴▼8年

トレード期間▼長期

実績▼毎年200～300万円

ダウ理論による相場分析の元、水平線とトレンドラインによる押し目・戻りを狙う順張りトレーダー。

移動平均線に、水平線・トレンドラインを使ったシンプルな手法。ファンダメンタルズが与えるチャートへの影響も考慮している。

つかささん

一目均衡表の雲で相場分析

FX歴▼12年

トレード期間▼長期

実績▼2022年の実績約1000万円

2本の移動平均でトレンドの強さを確認、トレーダーに人気のテクニカル・一目均衡表の雲を使った押し目・戻りトレードを実践！

みくのすけさん

エクスパンションを狙うトレード

FX歴▼9年

トレード期間▼長期

実績▼累計2000万円

長期足でボリンジャーバンドの広がりを見て、短期足で水平線による押し目・戻りでエントリー。イグジットもボリバンの動きから行う！

りおなさん

フィボナッチ使いの人気Ｙｏｕｔｕｂｅｒ

ＦＸ歴▼７年

トレード期間▼長期

実績▼２０２２年の収支１４０万円

ファンダメンタルズとフィボナッチ・リトレースメントで相場を分析し、エントリー判断を伺う。チャンネル登録者数６万人超の人気YouTuber

運営 Youtube
りおなちゃんねる
https://www.youtube.com/
@RionaChannel

目次

第3章 勝てるトレーダーになるための投資技術

第4章

第5章 シチュエーションで理解！ トレーダーの実戦トレード

必ずお読みください

FXはリスクを伴う金融商品です。本書で紹介している内容によっての投資の結果に著者、および出版社は責任を負いません。実際の投資を行う際にはご自身の責任においてご判断ください。

第1章

押し目・戻りの相場で勝つための知識

なぜ、稼いでいるトレーダーは押し目・戻りを使うのでしょうか？　ＦＸ経験者にはすでに知っていることかもしれませんが、初心者の方にもわかるように本章では改めて、その基本的な動きの特性と、どのような利点をもって皆が使っているのかを解説していきます。

01
押し目・戻りってそもそもどんな状況なの？

▼トレーダーの売買で押し目・戻りが発生する

「押し目・戻り」とは、トレンド形成中の一時的に価格が戻った後に、再度上昇や下落するタイミングのことです。

トレンド相場では、方向性が一方的なので、ついその勢いに合わせてトレードしたくなりますが、タイミングが悪いと高値掴みや安値掴みになってしまうことがあります。押し目・戻りの動きをしたところでトレードできれば、高値掴みや安値掴みのリスクを減らせるので、安全なトレード手法のひとつとして多くのトレーダーが取り入れています。

押し目・戻りはトレーダーの売買によって形作られます。

たとえば、価格が上昇したあと、トレーダーが利益を確定するために売り注文を出すことがあります。この利益確定の売り注文が集まることで、価格が一時的に下落し、押し目が発生します。また、相場が上昇トレンドにある場合、一部のトレーダーは逆張り戦略を採用し、上昇が一時的に一服することを予測して売り注文を出すことがあります。これにより、価格が下落し、押し目が発生することがあります。

ファンダメンタルズやテクニカル判断の結果で起きる

ファンダメンタルズによってもトレーダーは売買を行います。為替に影響を与える重要なニュースやイベントが発生した場合、市場参加者の心理や意識が変化し、一時的な売りや買いが生じることがあります。たとえば、米ドルにとって好材料が出た場合には米ドルの価格が上昇し、利益確定のために売りが入ることがあります。逆に、悪材料が出た場合には価格が下落し、一時的な買い戻しが起こる可能性があります。

テクニカル分析でも同様に、特定の価格水準やテクニカル指標が支持線（サポート）や抵抗線（レジスタンス）として機能すると予測し、価格がこれらの水準に近づくと、買い戻しや売りが生じ、押し目・戻りが発生することがあります。

このようにトレーダーの売買判断によって押し目・戻りが発生します。

押し目・戻りがなぜ発生しているのかを知ろう

相場はトレーダーの心理が反映されています。押し目・戻りもトレーダーが売買した結果、発生します。押し目・戻りが発生したときに、相場に参加しているトレーダーがどのような動きをしたのかを考えてみるのも大切です。

（し～さん）

チャートで押し目・戻りを確認しよう

トレンド発生中の一時的な反転が押し目・戻り

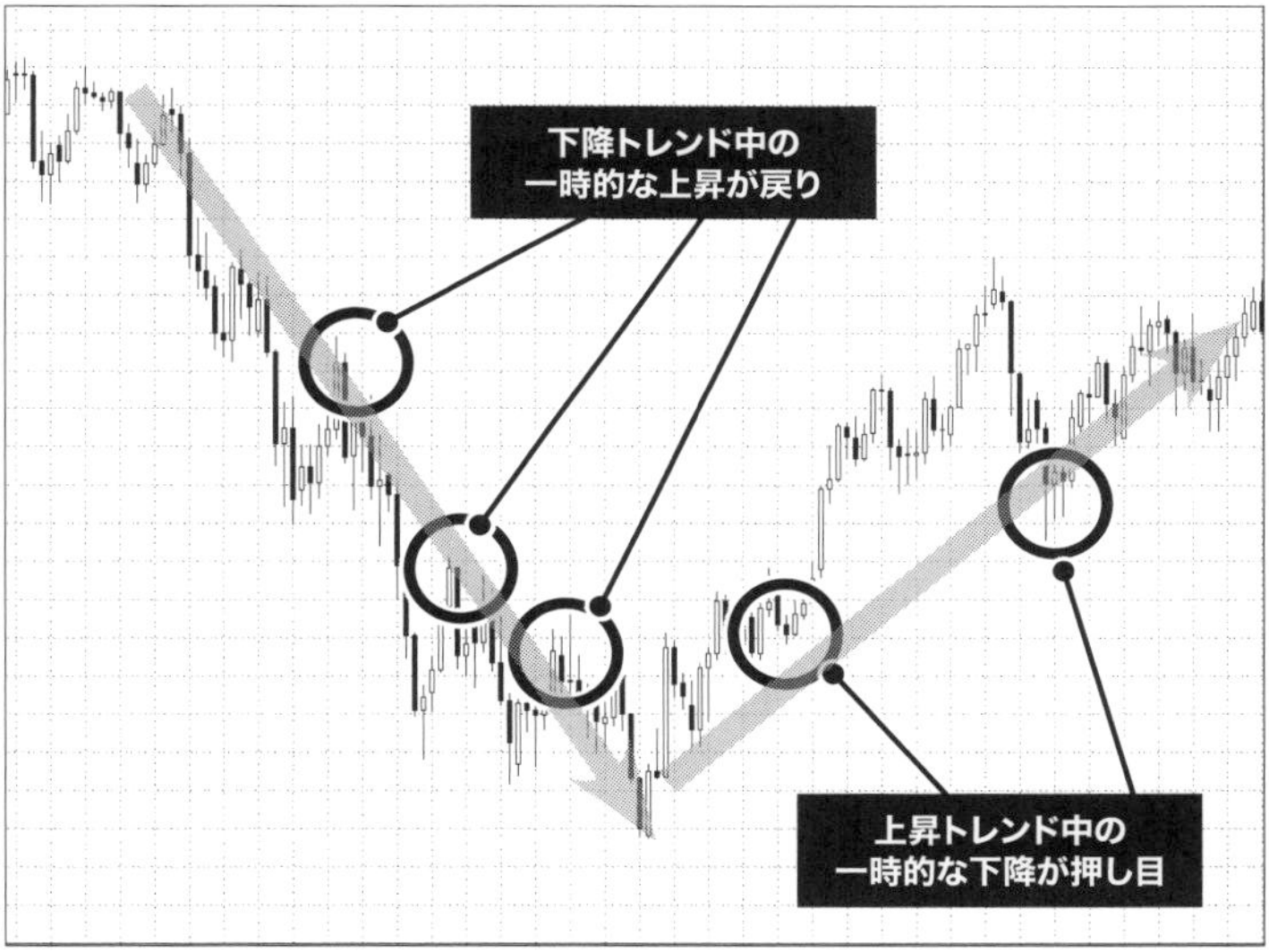

上昇トレンド中の一時的な下降が押し目、下降トレンド中の一時的な上昇が戻り。

02

為替の動きを分析できる押し目・戻り

▼押し目・戻りで為替の状況を判断する

押し目・戻りはトレードの判断だけでなく、為替市場の状況をとらえるためにも役立ちます。

「押し目・戻りの深さで相場状況を確認できます。たとえば、上昇トレンド中に深い下落が発生したとき、売り勢力が強くなっていると判断できます、その後、価格を戻せば、売り勢力以上に買い勢力が強いと判断できます。このとき、上昇する勢いが強ければ、まだまだ上昇トレンドが継続する可能性が高いと判断できますが、勢いが弱いときはそろそろトレンドが終わるかもしれないと考えることができます」とエニルさんは言います。

よほど一方的なトレンド相場でない限りは押し目・戻りは発生します。押し目・戻りの深さや価格が押し戻されるときの勢いなどを確認し、自分なりに相場状況を判断することも大切です。

値動きからトレーダーの心理を分析する

「為替相場はトレーダーの心理が反映されるので、押し目・戻りのタイミングでトレーダーがどのように考えているのかを予想すると自分のトレード判断の材料になります。たとえば、押し目の深さが浅いときはまだ売ろうと考えている人が少ないだろうと考えられます。このようなときは、トレンドが継続すると考えられるので、自分でも買いエントリーをするタイミングになります。逆に押し目の深さが深いと売ろうと考えている人が多くなってきたと考えられるので、これから自分が買いエントリーするのは遅いかもしれないと考えられます」とつかささんは言います。

具体時にどれくらいの深さなのかだけで考えるのではなく、それより前にできた押し目・戻りの深さから相対的に考えるようにしましょう。

押し目・戻りの深さを確認

押し目・戻りの深さや価格が戻るときの勢いを確認して状況を確認することができます。基本的に深ければ深いほどトレンドと反対方向の勢力が強く、価格が戻る速さが速いほどトレンド方向の強さが強まります。(エニルさん)

押し目・戻りの深さや押し戻され具合を確認する

急に深くなったときはトレンド転換の可能性がある

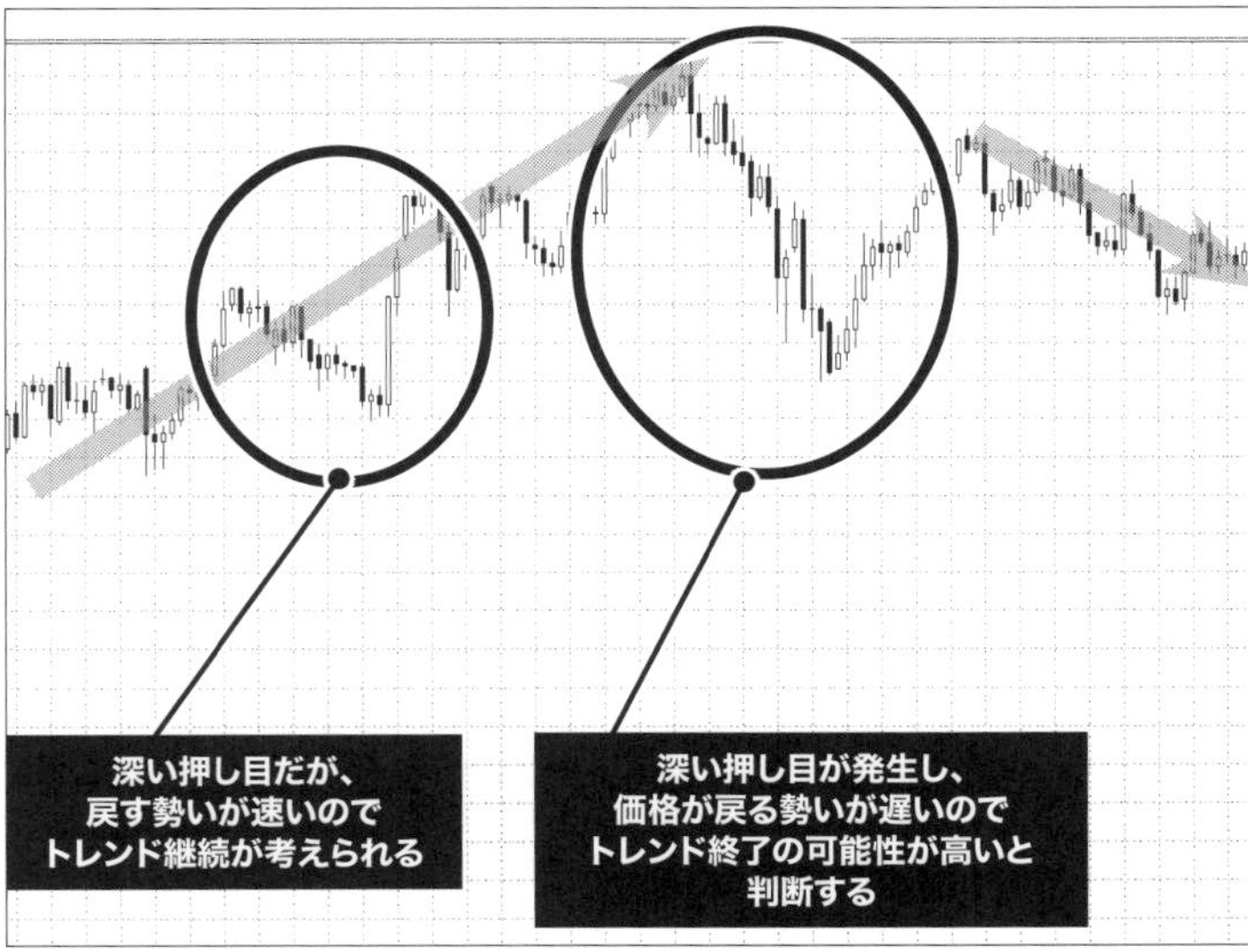

深い押し目・戻りが発生したときはそろそろトレンドが終了することも考慮する。その際、深さや押し戻され具合、それより前にできた押し目・戻りなど相対的に比較していく。

03

押し目・戻りと言える ポイントはどこ？

▼売買タイミングの判断のポイント

押し目・戻りは本書で紹介するトレーダーも含めて多くのトレーダーが売買判断に活用しています。

上昇トレンド中に押し目が発生した場合は上昇トレンドが継続すると判断できるので買いエントリー、下降トレンド中に戻りが発生した場合は下降トレンドが継続すると判断できるので売りエントリーのチャンスになります。

前述したように押し目・戻りはトレンド方向のポジションを持つ人が多いために発生します。つまり、トレンド継続を意味するため、エントリーするポイントになるわけです。

「エントリーするときに注意したいことは価格が戻ったことを確認してからエントリーすることです。上昇トレンド中に価格が下落したからといって、上昇する前に買いエントリーをいれてしまうと高値掴みになってしまう可能性がありま す」とモコさんは言います。

たとえば、上昇トレンド中に下落するのは売り注文をするトレーダーが多いためです。もし、買い注文をする人よりも売り注文をする人が多いと上昇することなく、下落し続けます。

下落後に再び上昇することで押し目の形になり、上昇トレンドの継続と判断できるので、価格が戻ることを確認することが重要なのです。

「どこで押し目・戻りになったのか判断するのは人それぞれなので、一概には言えませんが、基本的には上昇トレンドなら下落する前の価格、下降トレンドなら上昇する前の価格まで戻ってからエントリーしたほうが無難でしょう」とみくのすけさんは言います。

エントリーするときは価格が戻ったことを確認

押し目・戻りでエントリーするときは、価格が戻ったことを確認しましょう。価格が戻る前に逆張りでエントリーする人もいますが、リスクが高いといえます。リスクを許容する場合は別ですが、基本的には価格が戻るまで待ったほうが無難です。（モコさん）

価格が戻ってくるのを待つ

価格が反転した時点でのエントリーは危険

一時的な上昇の途中で
エントリーするのは危険

価格が上昇する前の水準まで
戻ったタイミングが
エントリーに適している

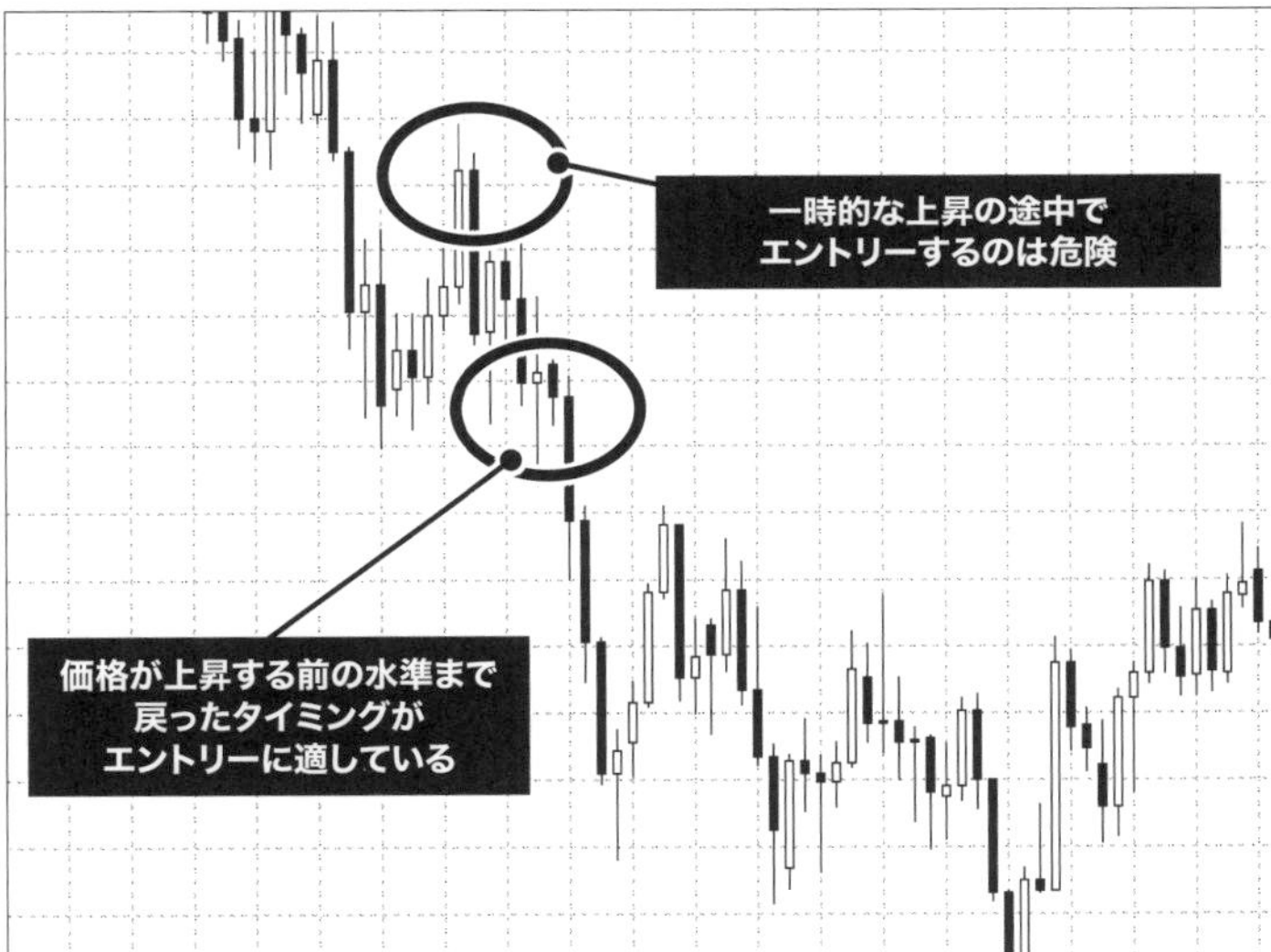

上昇や下降前の水準まで価格が戻ってからエントリーしたほうがリスクが少ない。

リスクを抑えるための
エントリーを考えましょう
（みくのすけさん）

04

正しい押し目・戻りの判断は手法の信頼性を高める

▼ダマシを避けることができる

押し目・戻りを正しく判断できることで、信頼性が高くなります。そのためか愛用するトレーダーが多くいます。エニルさんはもともとラインブレイクだけでトレードをしていましたが、思うように利益を得られず、押し目・戻りを確認してトレードするようになってから利益が安定するようになったと言います。

「ラインをブレイクしてもそれがダマシですぐに反発してしまうことがよくあります。いろいろと試行錯誤はしていたのですが、思うようにいかず、今の形になってからダマシによる損失が減るようになりました」

▼ブレイクの判断を押し目・戻りで確認する

水平線やトレンドラインは抵抗線や支持線として機能するため、一般的にはラインをブレイクするとその方向にトレンドが続くと言われています。

それ自体は正しいのですが、「どこでブレイクしたのか」を判断するのが難しいとエニルさんは言います。

具体的にどれくらい上昇や下降をしたらブレイクと判断するか決めようとしても、そのときの状況によってまちまちなので具体的なルールを作ることはできません。また、しっかりトレンドが出たことを確認してからトレードしようと考えても、トレンドが確認できるころにはもうエントリーするには遅いタイミングになってしまうこともあります。

押し目・戻りによる確認は比較的速いタイミングでブレイクしたかどうかの判断に役立つため、成績向上に大きく寄与したと言います。

「トレンド分析によるトレードを行っていて、ダマシに悩まされている人は押し目・戻りを手法に取り込むと、思った以上に成績が向上すると思います。基本的なことですが、一度試してみるといいと思いますよ」とエニルさんは言います。

移動平均線やボリバン、一目均衡表などのテクニカル指標で売買サインがでたときも、押し目・戻りを確認することで、ダマシを避けることができます。

押し目・戻りで手法の信頼性がアップ

押し目・戻りを手法に組み込むことで信頼性が高まります。とくにダマシに悩まされている場合は、押し目・戻りを手法に組み込むことでダマシによる損失を抑えられる可能性があります。(エニルさん)

押し目・戻りを手法に組み込む

ラインブレイクの確認でダマシを減らす

ラインをブレイクしたあとに押し目を作って上昇すれば、上昇トレンドが発生していると判断できる。

第2章

押し目・戻りを正しく使うためのテクニック

押し目・戻りの基本を習得すればすぐに稼げるわけではもちろんありません。成功トレーダーたちは、押し目・戻りをどのように使っているのか、ダマシをどのようにして避けているのか、併用するテクニカル指標などについて解説していきましょう。

01 勘違いしがちな押し目・戻りの状況

トレンドを認識することが重要

　形さえ押し目・戻りになっていればトレードしても構わないと考えている人がいますが、これは場合によっては損失を出す原因になります。

「押し目買い・戻り売りは基本的にトレンドフォロー（順張り投資、トレンドの流れに乗った投資）に使えるので、レンジ相場などトレンドがないときに押し目買いや戻り売りをするのは危険です」とエニルさんは言います。

　レンジ相場を狙う手法で、押し目・戻りを利用すること自体は問題ありませんが、レンジ相場と認識せずに押し目・戻りでトレードするのは失敗の原因になります。たとえば、39ページの上チャートを見てください、移動平均線でトレンドを確認してトレードを行うべきですが、トレンドが出ていないのに、形だけ戻りになったからといって戻り売りをしてはいけません。

「勘違いしてほしくないのが、ここでエントリーすること自体が間違いなのではなく、トレンドが確認できていないのにトレードするのが問題だということです」とエニルさんは言います。

自分なりの相場分析でトレンドをしっかり確認したうえで、押し目・戻りの形になったらトレードすることが大切なのです。

「オーソドックスなトレンドフォロー型のトレードで押し目買い・戻り売りをするなら、自分でトレンドラインを引いたり、移動平均線を表示するなりして、トレンドをしっかり確認しながら押し目買い・戻り売りをしたほうが勝率が高くなります」というのがし～さんの意見です。

いずれにしても、押し目買い・戻り売りはトレンド確認とセットで運用することが大切です。

トレンドを確認して押し目買い・戻り売りをする

押し目買い・戻り売りをするときに、チャートの形だけでトレードするのは危険です。きちんとトレンドを確認したうえで押し目買い・戻り売りをする必要があります。基本的にはトレンドフォローに有効なので、トレンドに対してトレンドフォローでエントリーすることを意識して、押し目買い・戻り売りをしていきましょう。（エニルさん）

トレンドがわからない状態でのトレードは危険

移動平均線でトレンドが確認できていない状態

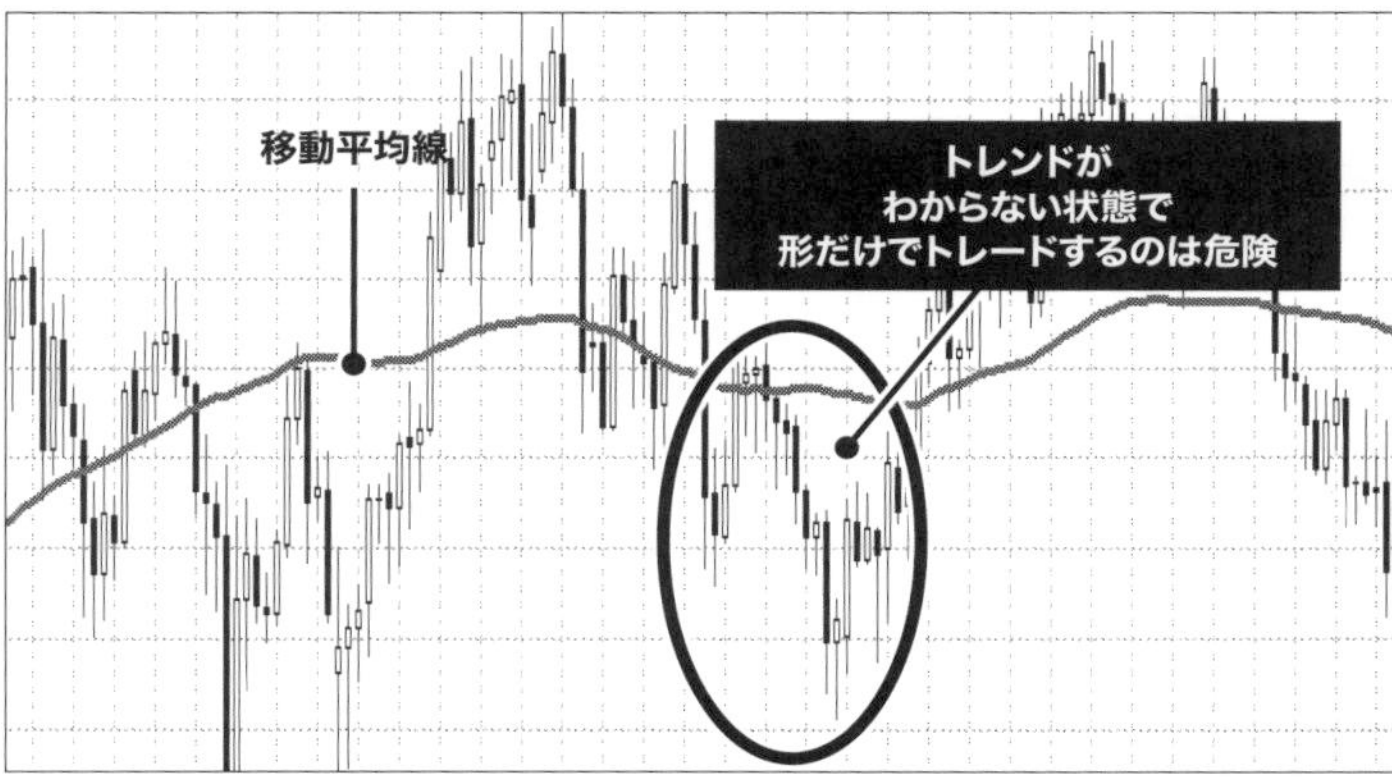

トレンドを確認してからトレードを考える

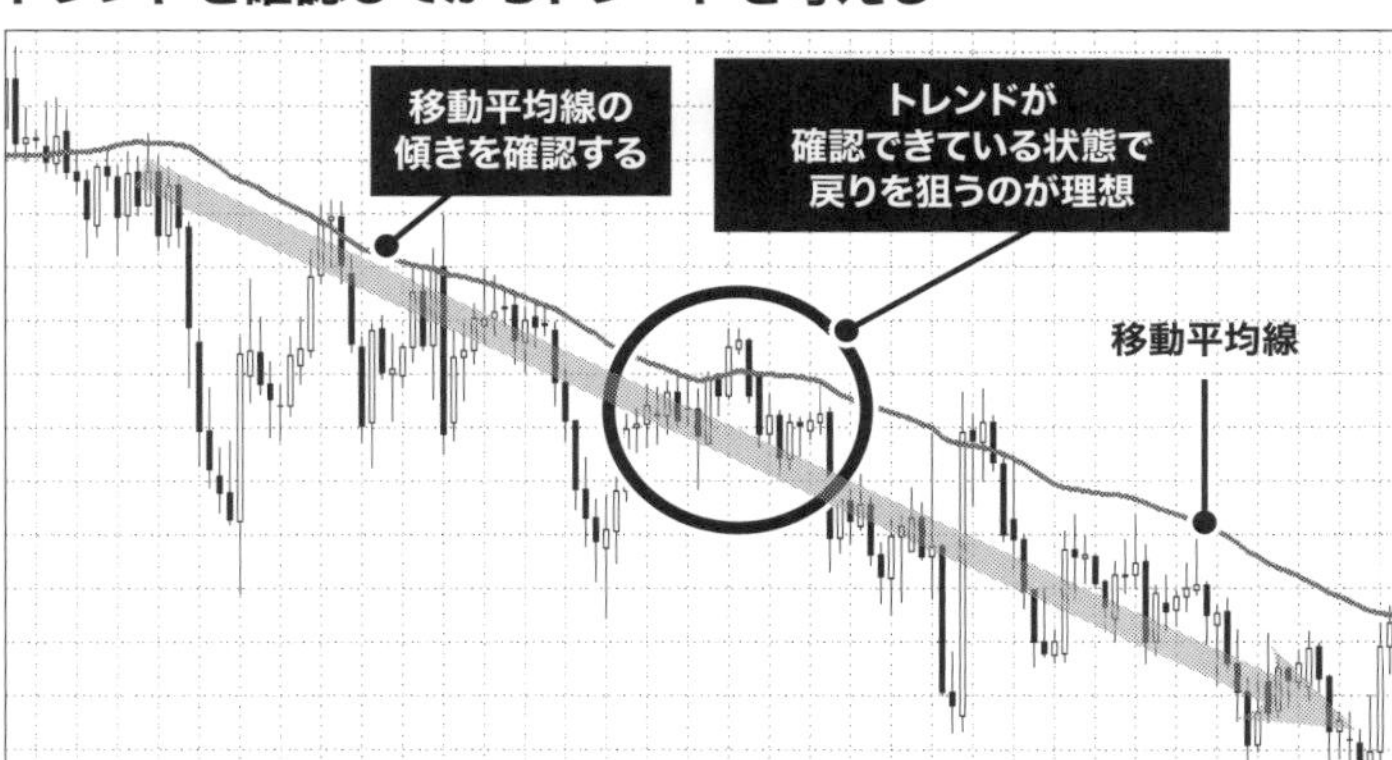

移動平均線に傾きがあり、トレンドが確認できている状態で、戻りの形になっていればトレードが狙える。

02

押し目・戻りにダマシってあるの？

トレンドが継続しないこともある

エントリー判断の際に、ダマシを避けるために有用な押し目・戻りですが、押し目・戻り自体にもダマシはあります。押し目・戻りの形になってもトレンドが継続せずに、反転してしまうこともあります。

「押し目・戻りにもダマシはあるので、フォローが必要です。押し目・戻りのダマシはトレンド終了時やトレンドが弱まったタイミングで発生しやすい傾向があります。そのため、テクニカル指標を利用してトレンドの勢いを計るのもひとつの手です」というのがみくのすけさんの意見です。

本書で紹介するトレーダーも各々の方法でトレンドを分析しています（第４章参照）。また、ファンダメンタルズによってトレンドの勢いが変わることもあるので、金融関連や政治関連のニュースをチェックすることも必要です（第５章参照）。

安値・高値に注目する

トレンドを確認するには、上昇トレンド中の安値の切り上がりや下降トレンド中の高値の切り下がりにも注目しましょう。43ページのチャートも下降トレンド中であるものの、高値が切り下がっていないので、トレンドが終了している可能性も考えられます。

このようにさまざまな方向からこのトレンドが継続するかどうかを思考して、トレードすることが必要です。

「トレードには失敗がつきものなので、どんなにうまくトレードしても失敗するときは失敗しますが、その失敗をできるだけ避けるためにも、いろいろな可能性を考えてトレードしましょう」とつかささんは言います。

トレンドの勢いに注目しよう

押し目・戻りのダマシはトレンドの勢いが落ちたときに発生しやすい傾向があります。ダマシを避けるためには、テクニカル指標やファンダメンタルズからトレンドの変化を予想する必要があります。（みくのすけさん）

高値・安値からトレンドを確認する

高値が切り上がったことでトレンド終了と判断する

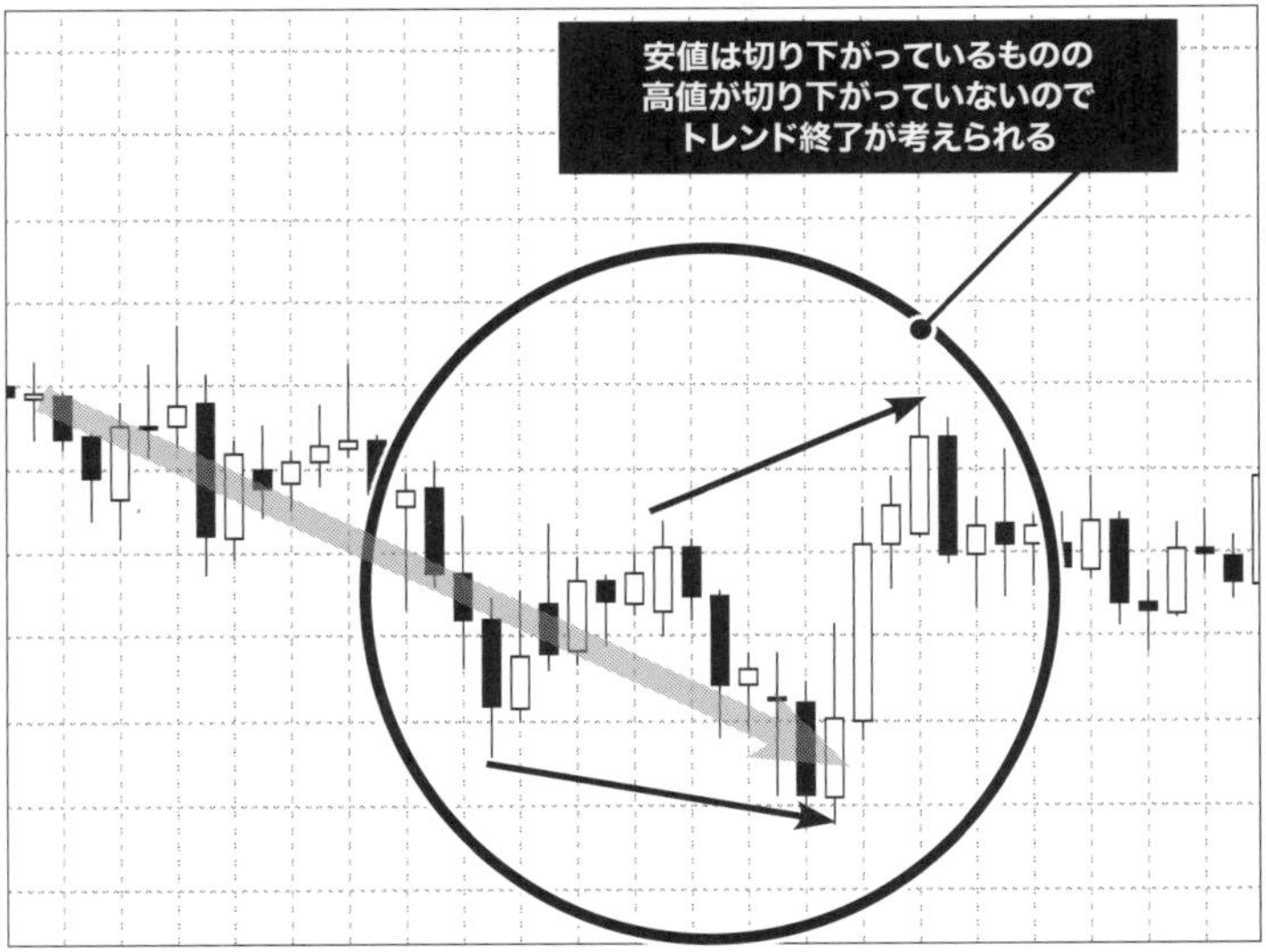

押し目・戻りの形になっていても、トレンドの勢いが弱いときやトレンド終了時はダマシになることがある。

過去の高値・安値はダマシを減らすために役立つ

03

ダマシを減らす押し目・戻りの使い方

▼過去の高値・安値に注目しよう

押し目・戻りのダマシを減らすにはさまざまな方法がありますが、もっとも簡単なのは過去の高値・安値を利用する方法です。

「現在値に水平線を引いて、過去の高値や安値にかかっていないかを確認するのが簡単だと思います。現在値が過去の高値や安値の価格と同じくらいであれば、その価格を少し抜けるまで待つとダマシを減らせます」というのがし～さんの意見です。

47ページのチャートは、押し目を形成した位置に水平線を引いたものです。

過去の高値と同じ価格になっており、この高値を意識しているトレーダーが多ければ、跳ね返される可能性があると考えることもできます。

「エントリーするときは、いったん水平線を引いてみて、過去の高値・安値と同じ価格になっていないかを確認してみましょう。水平線と同じ価格になっている場合は、そのラインを抜けるまで待ったほうが無難です」とモコさんは言います。

失敗したときにも水平線を引いてみる

また、トレードに失敗したときの理由を考えるときにも水平線は役立ちます。

「後付け理由にもなってしまいがちなのですが、トレードに失敗したときは、エントリーした位置に水平線を引いてみて、意識されていた価格があるのかを確認するのもいいと思います。その結果、ダマシを減らすための自分なりの方法が見つかるかもしれません」

押し目買い・戻り売りをするときは過去の高値や安値を意識することを心がけ、エントリー前にいったん過去の価格を確認するようにしましょう。

過去の高値や安値は意識されやすい

過去の高値や安値は多くのトレーダーに意識されており、売買判断の基準にもされています。注文が集中した結果、トレンドが反転することも珍しくないので、過去の高値や安値は自分でもしっかり意識するようにしましょう。（し〜さん）

過去の高値・安値を確認

押し目の形になっても過去の高値で反発することがある

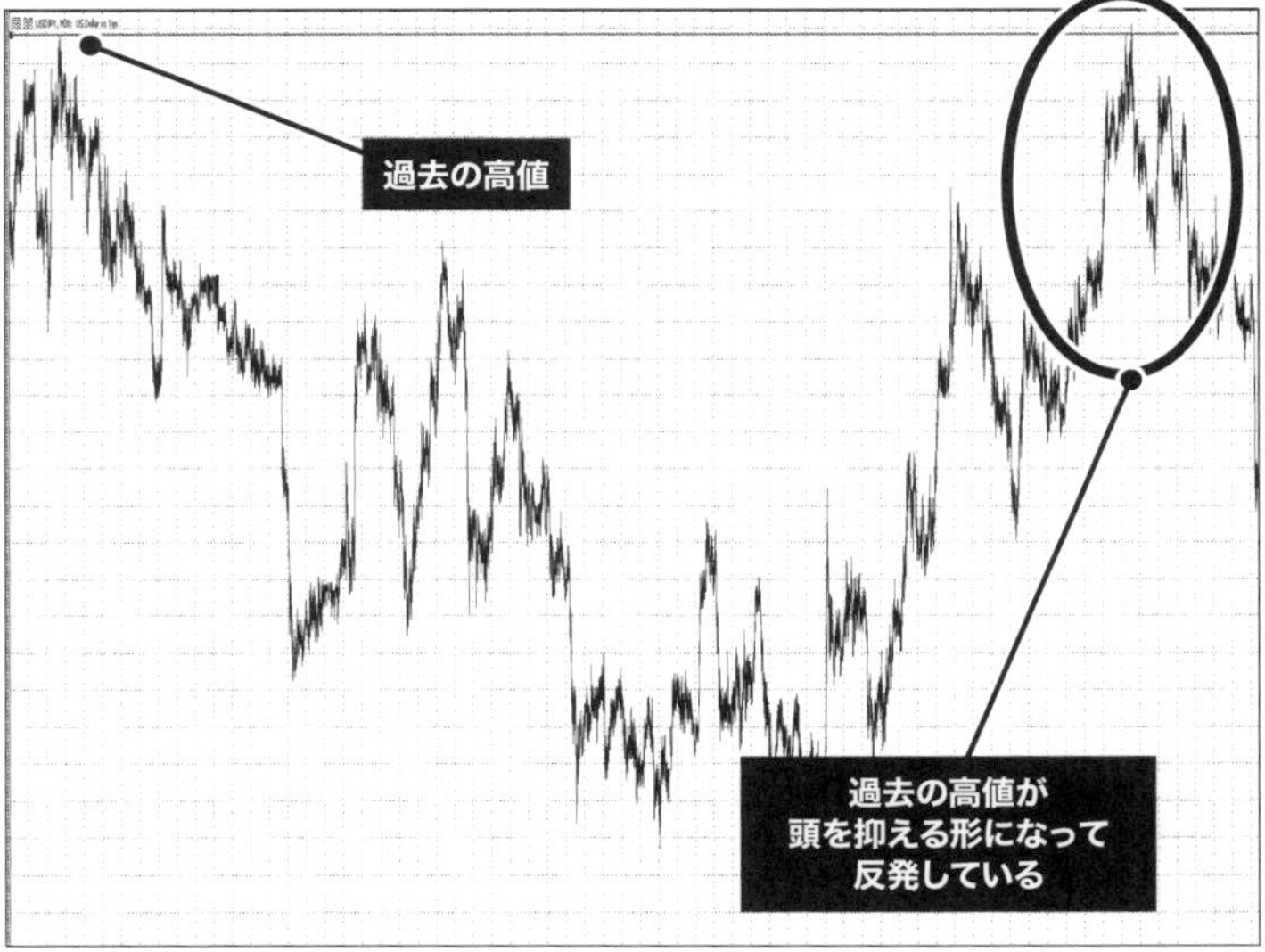

過去の高値が意識されており、押し目の形になっても頭を抑える形になっており、結果的にダマシになるケースがある。

ラインの種類によって使い方が少し違う

04

押し目・戻りを探るために必要なライン

▼水平線、トレンドライン、フィボナッチが探りに役立つ

水平線以外にも、トレンドラインやフィボナッチリトレースメントも押し目・戻りのダマシを回避するために役立ちます。

基本的な使い方は、ラインで押し目・戻りを作った場合は信頼性が高いと判断できます。たとえば、50ページのチャートのように下降トレンド中にいったん上昇し、トレンドラインで反発し下落した場合は、トレンドラインが頭抑えになっているのでトレンドが継続すると考えられます。逆に、トレンドラインを割ってしまった場合は、そのまま上昇してしまう可能性も考えられます。

水平線やフィボナッチリトレースメントは底や天井の可能性がある

水平線やフィボナッチリトレースメントの場合は、引いたラインが底値や天井になる可能性があり、押し目・戻りの形になっていてもラインで跳ね返る可能性があるため、トレードするのを待つのも必要です（51ページのチャート参照）。

「水平線やフィボナッチリトレースメントのラインを突き抜けた場合は、その勢いでトレンドが継続する可能性が高いので逆にチャンスになります。ただし、ラインブレイクを理由にしてエントリーするのではなく、ラインを突き抜けたあとに押し目・戻りを確認することも必要です」とエニルさんは言います。

ラインブレイクした直後に反転することも珍しくありませんので、その後しっかりと押し目・戻りを確認することでさらに信頼性が高くなります。

「ラインの少し上で利食いをする人も多いので、その影響でラインの少し上から反転することも珍しくありません。押し目・戻りを確認したあとなら、まだまだトレンド方向にポジションを持つ人が多いことの証なので、ダマシの可能性も低く、エントリー理由になります」というのがし～さんの意見です。

トレンドラインと押し目・戻りの使い方

トレンドラインで戻りを作っているときは信頼性が高い

トレンドラインが頭を抑える形で戻りを作っているときは、明確にトレンドラインが意識されており、下降トレンドが継続すると考えられるので、戻り売りのチャンス。

意識されている水平線を抜けたときがチャンス

水平線を抜けたあとの押し目は買いのチャンス

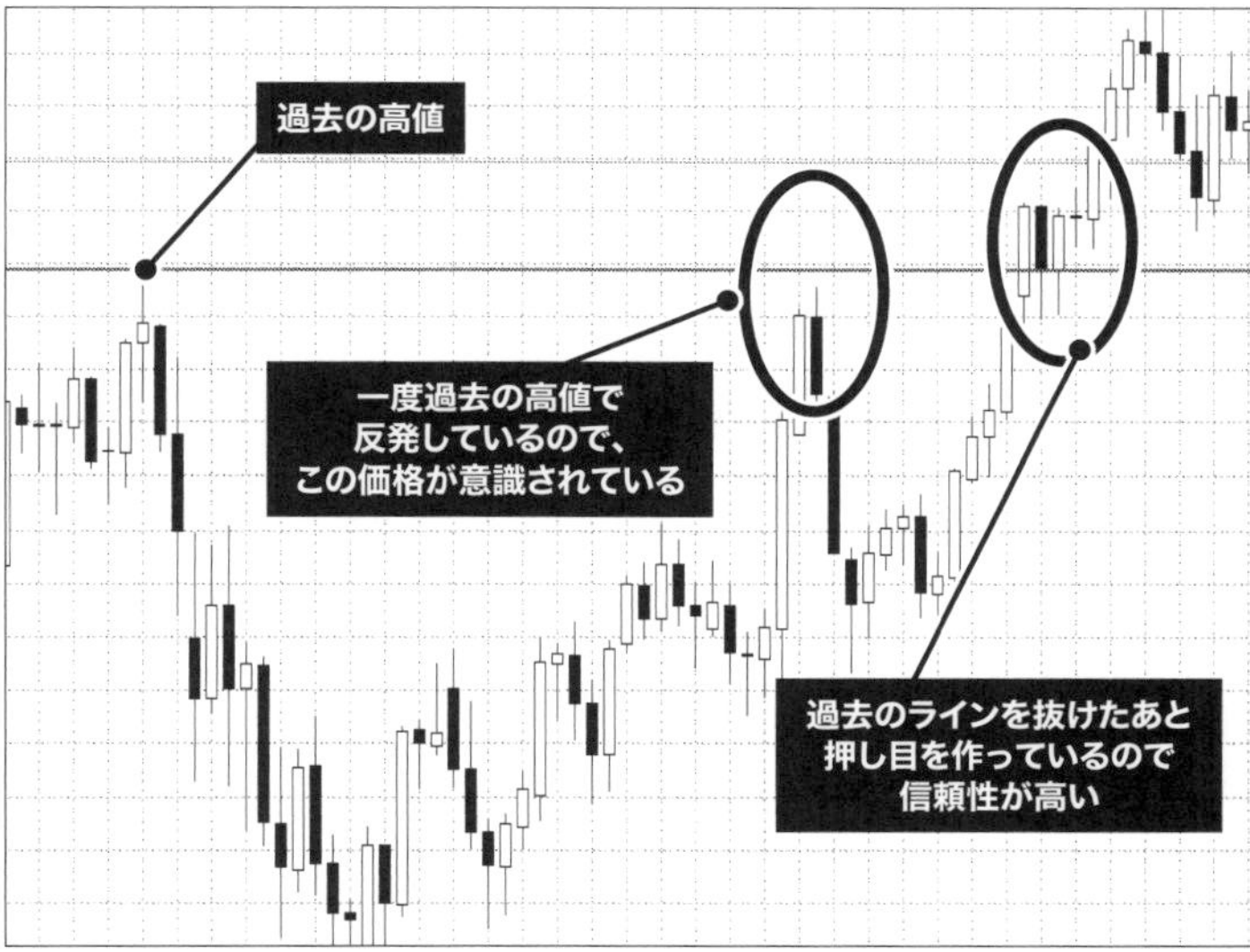

ラインをブレイクしただけでは、ダマシの危険があるが、押し目を作っている場合、上昇トレンドの継続が考えられるので、押し目買いをするチャンス。

05 押し目買い・戻り売りに使えるテクニカル指標

移動平均線やボリバンが使いやすい

テクニカル指標のなかでは移動平均線やボリバンが押し目・戻りに使いやすい傾向があります。

「移動平均線やボリバンも基本的には水平線など自分で引いたラインと同じような使い方です。押し目・戻りのときに移動平均線やボリバンが価格を下支えしたり、頭を抑えている状況なら信頼度が高いと判断できますし、底値や天井の判断にも使えます」とみくのすけさんは言います。

移動平均線の参照期間は20前後の短期移動平均線か、70前後の中期移動平均線だと使いやすいと言います。

ボリバンの場合はどのσラインで価格が反発しているのかを見ることでトレンドの勢いも判断できるので、押し目買いや戻り売りに適しています。

「ボリバンは、上昇トレンド中にミドルラインが下支えになって＋2σが頭を抑えるような形で推移している場合、ミドルラインを下に割ったらトレンド終了と考えたり、＋2σに届かずに反転した場合はトレンドの勢いが落ちたと考えられます」というのがみくのすけさんの考えです。

トレンドが弱まったタイミングではトレードを控えるといったトレードルールにすることで、押し目・戻りのダマシを避けることができます。

長期チャートで試してみる

「トレード全般に言えることでもありますが、押し目・戻りだけでなく、テクニカル指標も含めて長期チャートのほうがわかりやすく動くので、最初のうちは4時間足や日足などの長期チャートのトレードで試してみるのもいいと思います。

どんなときに押し目・戻りがダマシになるのかがわかってくると、トレードがスムーズになると思います」とモコさんは言います。

テクニカル指標と押し目買い・戻り売りの組み合わせ

トレンド系テクニカル指標は単体でトレンド判断ができるので、押し目買い・戻り売りとの相性が良いのです。特に移動平均線やボリバンを使って意識しているトレーダーが多く、抵抗線や支持線としても機能しやすいので、押し目・戻りを見分けるためにも役立ちます。（みくのすけさん）

移動平均線と押し目・戻りの組み合わせ

移動平均線を下支えに押し目が発生

２本の移動平均線が上向きなので上昇トレンドと判断できている状況で、移動平均線を下支えにして押し目が形成されているので、買いエントリーのチャンス

明確なトレンド下でのトレードが有効

06

押し目買い・戻り売りを狙うタイミング

▼明確なトレンドが発生しているときが狙い目

読者の方々にはすでにご理解いただけていると思いますが、押し目買いや戻り売りをするときは明確にトレンドが出ているタイミングです。

「相場格言で頭と尻尾はくれてやれという言葉があるように、トレンドの出始めを狙うのではなく、明確にトレンドが発生し、勢いよく価格が動いているときに狙うのがベターです」とみくのすけさんは言います。

相場状況にもよりますが、トレンドが発生してから2〜3回くらい押し目・戻りが発生したあとのほうが、狙いやすくなります。

ファンダメンタルズを意識すれば押し目・戻りで勝ちやすくなる

また、2022年3月～10月までのドル円のような一方的な上昇トレンド時は、長期チャートで押し目を狙うだけで勝ちやすい相場といえます（59ページのチャート参照）。

「2022年の円安ドル高相場では、押し目を狙ってトレードしているだけで利益を獲得することができました」とエニルさんは言います。

本書で紹介するほかのトレーダーもトレンドフォロー型なので、このような一方的なトレンド下でのトレードを得意としており、2022年は大きな利益を獲得したといいます。

「押し目買い・戻り売りは一方的なトレンドのときは狙いやすい半面、ファンダメンタルズの影響などでどっちともとれないトレンド下のときはトレードしにくい状況になります。押し目買いや戻り売りを狙うなら、ファンダメンタルズでどちらの方向が強いのか明確になっているときを狙うとうまく行くはずです」というのがし～さんの意見です。

明確にトレンドがわかるときを狙う

トレンドの出始めは、押し目・戻りを確認しにくいのでムリに狙う必要はありません。押し目・戻りを2〜3回繰り返し、明確なトレンドを確認できるときだけを狙えば利益を獲得できます。（みくのすけさん）

2022年3月〜10月のドル円チャート

押し目買いが狙いやすい相場

一方的な上昇トレンドは押し目買いがしやすい相場といえる。ほかのテクニカル指標を併用しつつ押し目買いを狙うとうまくいきやすい。

第3章

勝てるトレーダーになるための投資技術

成功トレーダーたちは、押し目・戻りを使うだけでなく、いくつものルールを作り、それらを手法として実践することで収益を安定させています。勝てるトレーダーになるためには、どんなルールを作り、トレードするときに何を考えているのかを説明しましょう。

サインの多さはトレードの一貫性がなくなる

01

いくつものテクニカル指標を併用しない

▼判断基準が多すぎるとミスをしやすくなる

トレードをするうえで、テクニカル分析は必須と言ってもいいほどに重要な分析です。そのテクニカル分析を行うためのツールがテクニカル指標です。移動平均線やボリンジャーバンド、一目均衡表、ＭＡＣＤなどさまざまな種類がありますが、テクニカル指標を必要以上に使うのはよくありません。

いろいろなテクニカル指標を同時に表示してしまうと、テクニカル分析をするうえで混乱してしまいます。たとえば、４つの指標を併用していて、ひとつ目は買いサイン、ふたつ目は売りサイン、３つ目はレンジ相場のサイン、４つ目は急落のサインが出ているチャートがあったらどうしますか？

「買う」か「売る」か「見送る」かの三択に迫られ悩んでしまうでしょう。人は自分にとって都合よく考えてしまいがちなので、暴落するなら売りだと思い込んで売りエントリーをしてしまうかもしれません。この場合、4つ目の指標である「急落」という強いサインを信じていることになります。ですが、一方で別のトレードで4つ目の指標が買いサインを示していて、ほかの3つのサインが売りサインを示しているときに「買い」を選択できるでしょうか？

テクニカル指標はひとつ～ふたつで十分

複数のテクニカル指標を併用するとトレードに対して一貫性を持つことができなくなってしまいます。一貫性を持たずにトレードしてしまうと、トレード内容がぶれてしまい、正しい判断ができなくなってしまいます。

「ふたつ程度なら許容できますが、3つ4つと増えてしまうと、常に同じ判断基準でトレードすることは難しいでしょう。トレンド判断用にひとつ、トレード判断用にひとつくらいのバランスでテクニカル指標を使うことから始めたほうが無難です」とモコさんは言います。

いくつもテクニカル指標を表示しても意味がない

テクニカル指標をたくさん表示してもトレンド分析の精度が上がるわけではないので意味がありません。逆に、チャート上がラインでごちゃごちゃになり見にくくなって、分析しづらくなってしまいます。チャート上はシンプルになるように心がけましょう。（モコさん）

チャート画面はシンプルにする

テクニカル指標はひとつで十分

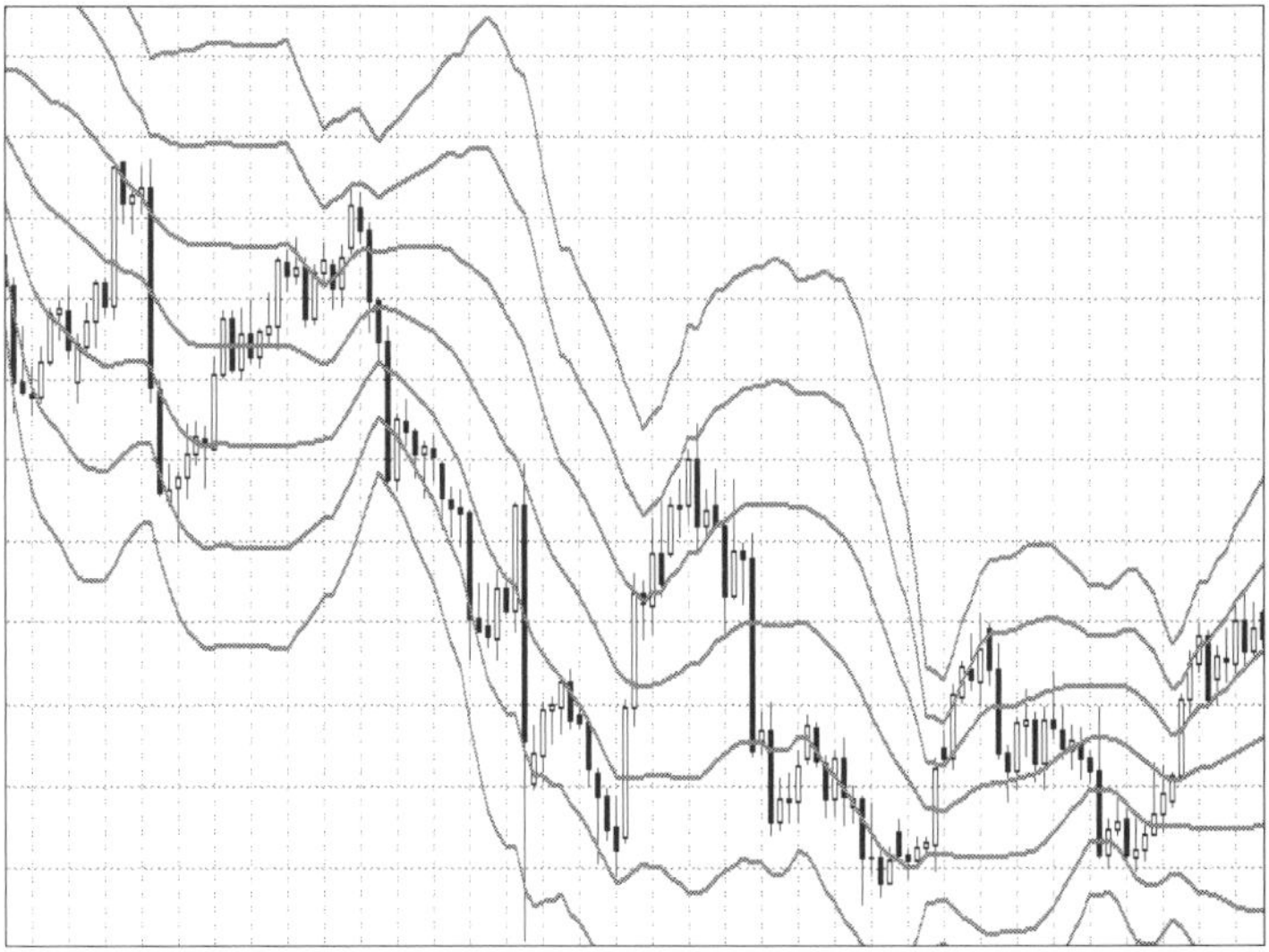

トレンド分析用のテクニカル指標はひとつで十分です。無意味にテクニカル指標を増やす必要はありません。

02

エントリー基準と撤退基準を明確にする

▼損切りを極端に嫌がらない

安定した利益を得るには、エントリー基準と撤退基準をどうするのかを明確にすることです。

「エントリー基準については明確にしている人が多い傾向にありますが、撤退基準については曖昧にしている人も多く、それが大きな損失につながっています」とエニルさんは言います。

行動経済学の基礎的な理論に「プロスペクト理論」というものがあります。たとえば、以下のような条件があるとします。あなたはどちらを選ぶでしょうか。

質問　あなたはどちらを選ぶ？

A　無条件で100万円をもらえる

B　コインを投げて表なら200万円、裏なら何ももらえない

一般的にはAを選ぶ人が多いし傾向があります。次の条件ではどうでしょうか。

質問　あなたに200万円の負債があるときどちらを選ぶ？

C　無条件で100万円の負債を減らせる

D　コインを投げて、表なら負債がすべてなくなり、裏なら変わらない

この場合は、Dを選ぶ人が多い傾向があります。期待値は同じ100万円なのに、答えがわかれてしまいます。これは目の前に利益が見えると利益が手に入らないというリスクを優先的に回避し、逆に損失が見えると損失そのものを回避する傾向があるからです。

不合理な判断を防ぐための撤退基準を決める

これをＦＸトレードにあてはめて考えてみると、利益が少しでも出ると利確し、損失が出ると損失を確定させたくなくて損切りができないという投資の基本である損小利大の逆の行動をしてしまいます。

「人は本能に従ってしまうと、不合理な行動をしてしまいがちです。損切りを極端に嫌がらずに合理的に考える必要があります」とりおなさんは言います。

本能に従った不合理な判断をしないためには、撤退基準をしっかりと決める必要があります。トレードに失敗したときは失敗したことを認め損切りを行い、トレードに成功したときはできるだけ多くの利益を目指すことが利益を安定させる秘訣です。ただし、撤退基準を決めたとしても、速すぎる損切りや利食い、遅すぎる損切りや利食いをしてしまうと、いくらやっても勝てなくなってしまいます。70ページで紹介するリスクリワードをしっかりと考えて撤退基準を決めることが必要になります。

人間の本能について理解する

人間は本能にしたがってしまうとどんな不合理な行動をしてしまうのかを知っておくことが必要です。プロスペクト理論など行動経済学で人が無意識で行ってしまう行動について解明されているので、それを避けるためにはどうしたらいいのかを考えていきましょう。（りおなさん）

03

リスクリワードを意識すれば、損失を抑えられる

▼平均利益は平均損失の倍になるように意識する

トレードにおけるリスク（損失）とリワード（利益）の比率のことをリスクリワードと呼びます。リスクリワードの算出方法は以下のようになります。

リスクリワード＝平均利益 ÷ 平均損失

たとえば、平均利益が2万円、平均損失が1万円の場合は2万円 ÷ 1万円でリスクリワードは2になります。

「リスクとリターンは強く意識して、リスクリワードは2以上を保つようにトレードしています」とりおなさんは言います。

リスクリワードが1以上なら勝率が低くても、利益が損失を上回りトータルで利益が得られる可能性があります。逆に、リスクリワードは1以下になると勝率が高くても損失が上回ってしまう可能性があります。

トレードには100％勝てる手法はありません。どんなに凄腕のトレーダーでも、多かれ少なかれ損失を出してしまうのは当たり前のことです。そのため、長いトレーダー人生のなかで利益を獲得するには、平均損失よりも平均利益が多くなるようにトレードすることが大事なのです。

「FXで負けている人の多くが、リスクリワードを意識せずにエントリーすることで勝ちよりも負けが大きなトレードを続けてしまい、結果的に資金を失ってしまっています。上級者のトレーダーほどリスクリワードを意識して、エントリーサインが出ていたとしても、目標利益が低い相場では勝負を避けます」とみくのすけさんは言います。

リスクリワードが適切なら勝率が低くてもトータルで勝てる

リスクリワードの理想は2～3程度です。高ければ高いほど良いのですが、高すぎると逆にトレードがうまく行かなくなってしまうことがあります。たとえば、損失をできるだけ抑えようと少し反転しただけで損切りしてしまうと、押し目・戻りの動きだけで損切りをしてしまうことになります。そのため、損切りもある程度のバッファを取って決める必要があります。そのあたりのことを考えるとリスクリワードは2～3程度が理想になります。

「利益を大きくとって、損失を小さくすることは投資の基本ですが、損失を小さくしすぎてしまうと、それはそれで不具合があります。ある程度の損失は許容しつつ、大きな利益を狙う考え方が必要です」とし～さんは言います。

詳しくは第4章のトレーダーたちの手法のなかで説明しますが、目標利益を決めて、そこから損切りを考える手法を採用しているトレーダーもいます。たとえば、100pipsが目標利益の場合は、含み損が50pipsになったら損切りすると決めます。こうすることで、損切りのタイミングが早くも遅くもならず、リスクリワードを2程度に安定させることができます。

リスクリワードが2以上あれば、勝率は35％程度でもトータルで利益を得ることができます。負けトレードが多くても、利益は積み重なっていくので、メンタル的にも安定してトレードを行うことができます

ＦＸを仕事として認識する

ＦＸのリスクとリターンを考えずにトレードしてしまう人が多いのが現状です。仕事ならリスクとリターンを考えてもＦＸではそれが考えられない人が多いので、ＦＸも仕事として考え、リスクとリターンをしっかり考えられるようにしましょう。（りおなさん）

04

主要通貨の動きを把握してお金の流れを知る

ふたつの通貨の状況を把握する

米ドル／日本円でトレードするときに、米ドル／日本円のチャートだけを見ていればいいわけではありません。クロス円、クロスドルのチャートは一通りチェックしそれぞれの通貨の立ち位置を確認します。

たとえば1米ドル＝120円から1米ドル＝130円になったとします。米ドル／日本円だけを見ているとドル高・円安になったと思うでしょう。しかし、ほかのクロスドルの通貨ペアをみたとき、ほかの通貨に対してドルが安くなっていれば、ドル高ではなくドル安であり、それ以上に日本円が安くなっていると考えられます。

「米ドルと日本円がともに通貨安のときに日本で悪いニュースが流れても、それほど大きな下落にはなりにくいでしょう。ふたつの通貨ペアを相対的に見ることも大切ですが、英ポンドやユーロなどの主要通貨全体のなかで米ドルと日本円がそれぞれどの立ち位置にあるのかを知っておくことで、トレードするときの武器になります」とエニルさんは言います。

このように、トレードする通貨ペア以外のチャートを確認することで見えてくるものがあります。また、通貨安・通貨高の答え合わせをするのも有効です。

ファンダメンタルズからお金の動きを知る

ファンダメンタルズからお金の流れを確認することも大切です。

「長期トレンドの多くはファンダメンタルズの影響なので、世界で何が起きているのかを知らば、どの通貨にお金が流れているのかが見えてきます。米ドルと日本円が通貨安になっているなら、どの通貨が強くなっているのかを考えます。さらに、今後米ドルや日本円の通貨が強くなるにはどうしたらいいのかを考えていけば、将来のチャートの動きが見えてきます」とみくのすけさんは言います。

たとえば、2022年3月から年末にかけては、アメリカをはじめとした主要国が政策金利の利上げを行いました。その結果、低金利である日本円は売られ、激しい円安になりました。

また、ユーロ／ドルの関係を見てみると2022年2月に起きたロシアのウクライナ侵攻で大きな影響を受けました。ドイツをはじめとする欧州諸国はロシアの原油や天然ガス供給に大きく依存しており、資源価格の高騰からインフレが押し上げられ、景気が減速する結果になりました。さらに、英国では与党幹部のスキャンダルや、不誠実な対応によりジョンソン首相が辞任に追い込まれ、新たに就任したトラス首相が大幅な減税策を出したことで、財政赤字の懸念が高まりポンド相場が急落したとともに、ユーロ相場も急落しました。

このように2022年は米ドル一強の状態となっていました。

「米ドルだけが強い状況なら、米ドルを買う戦略を考えていけばいいわけです。

さらに、どうしたらこの状況が変わるのかを考えます。米ドルが強かったのは利上げの影響が大きいので、アメリカが利上げをやめたときやアメリカの景気が悪化したときに動きが変わる可能性があります。そのときにどのようにトレードしていけばいいのかを考えるわけです」とみくのすけさんは言います。

主要通貨の状況を知る

トレードする通貨だけでなく主要通貨全体の状況を知ることが大切です。米ドル／日本円でトレードするなら、米ドルと日本円それぞれの立ち位置を理解することでトレードがスムーズになります。（エニルさん）

日によって見方が変わるのは危険

05

相場の判断を常に一貫させてトレードする

▼トレンドや売買の判断を一貫させる

トレンド分析の方法は人によってさまざまです。チャートをパッと見て上昇か下落か判断する人もいれば、トレンドラインや移動平均線を利用する人、ファンダメンタルズを重視する人もいます。

やり方自体は自分に合ったものを選べばいいのですが、日によって方法を変えるのは危険です。

たとえば、今日は参照期間20の移動平均線でトレンド分析して、明日は参照期間70の移動平均線、明後日は一目均衡表で確認するなどトレンド分析の方法に一貫性がないと間違った分析をしてしまうことになります。

「テクニカル指標も完ぺきではないのでダマシがあります。日によってテクニカル指標を変えると、ダマシばっかり引いてしまう可能性もあります。移動平均線で勝てたはずのトレードを一目均衡表を使ったために失敗してしまう可能性もあれば、その逆もあります。トレードは1回1回の成績よりも1年以上の長期にわたったトータルでの成績が大切です。同じテクニカル指標を使い、分析して、結果を確認しなければ安定した勝ちは望めません」とつかさrange
さんは言います。

都合の良い結果だけを追い求めない

よくありがちなのが自分にとって都合の良い結果を探すためにトレンド分析の方法を変えてしまうことです。たとえば、参照期間20の移動平均線ではトレンドが確認できないから、参照期間70の移動平均線でトレンドを確認しようという行動は、答えがありきの分析になってしまうので、やる意味がありません。

「同じ方法でトレンドを判断し、そこから戦略を考えます。つまりトレンドを判断することはトレードをするための土台になる部分です。土台をころころ変えてしまうのはその上で成り立つトレードがブレます。そもそも、自分にとって都合の良い答えを探す行為は恣意的になり意味がありません」とみくのすけさんは言います。

トレンド分析だけでなく、売買判断も同じように一貫させる必要がありますが、相場状況によっては臨機応変な対応も必要になります。

「2022年3月以降の相場はだれが見ても一方的な上昇トレンドでした。ファンダメンタルズ的にも原因ははっきりしています。こういうときに自分の手法は逆張りだからといって逆張りをしかけるよりも、すなおに順張りトレードをしたほうが結果は良くなります」とモコさんは言います。

相場の動きはワンパターンではありません。さまざまな要因が重なり変化します。トレード戦略もそれに合わせて変化させることが大切です。

トレンド判断のブレはトレードのブレになる

トレンド判断がブレるとトレード全体がうまく行かなくなります。一度決めたトレンド判断の方法は変えずに一貫性をもってトレードすることを心がけましょう。（みくのすけさん）

仕事を持っている人はスイングや長期の方が負担がない

06

自分なりのトレードスタイルを作る

自分に合ったトレードスタイルの考え方

トレードにはいろいろなスタイルがありますが、自分に合ったスタイルは何なのかを考える必要があります。

まず最初に考えるのは、スキャルピングかデイトレードかスイングトレードか長期トレードのどれにするのかということです。

「勘違いしがちなのですが、トレード時間が短いスキャルピングやデイトレードはサラリーマンなどの兼業トレーダーには不向きです。1日のうちにエントリーするチャンスは数回程度しかないので、ずっとチャートに張り付いていないとトレードできません。それに1回当たりの利益も少ないので、労力とリターンが見合っていません」とし～さんは言います。

逆に、スイングトレードや長期トレードは1回あたりの利益が多く、チャートに張り付いていなくてもエントリーチャンスを逃さないので、忙しいサラリーマンにも向いています。

「スキャルピングやデイトレードなどの短期トレードで稼ぎ続けるのは難しいので、スイングトレードや長期トレードで勝てる方法を見つけたほうが現実的だと思います」とエニルさんは言います。

時間に見合った利益をあげているかを考える

トレードする時間帯を気にする人もいますが、スイングトレードや長期トレードならあまり気にする必要はありません。数週間～数カ月ポジションを保有するので時間帯による差はあまりありません。好きな時間にトレードして構わないのが、スイングトレードや長期トレードの利点でもあります。

トレードスタイルを考えるときには、年間の目標利益を決めることも大切です。目的なくトレードをしていてもうまく行きません。

「現実的な目標を考えたほうが、適当なトレードをしなくなるのでいいと思います。目標が低すぎると時間をかけてトレードする意味がないので、年収の半分を目標にするなどある程度高めの目標を作るといいですね」とし~さんは言います。

極端な話をすると年収2000万円の人が20万円の利益を得るためにトレードするくらいなら、本業の仕事をがんばったほうがいいのです。FXは時間もかかるので、時間に見合った利益を獲得しなければ意味がありません。

「FXはお金を増やす手段のひとつなので、お金を効率的に増やせないならやる意味がないのですよ。毎日2時間FXして年間10万円しか稼げないならバイトをしたほうが稼げますよね。しっかり時間の対価として正当な金額を目標にトレードすることをルールに組み込んでください」とモコさんは言います。

自分で目標を立てられない場合は、本業の収入を時給換算して、その時給×FXに費やす時間ででた金額を目標にするといいでしょう。

兼業トレーダーならスイングトレードや長期トレード

時間があまりとれない兼業トレーダーならスイングトレードや長期トレードがオススメです。短期トレードはチャートに張り付いていないと安定した利益を稼げません。スイングトレードや長期トレードは1回のトレードでの利益が大きく、チャートに張り付く必要もないので、時間がなくても安定した利益が期待できます。（し〜さん）

上昇、下落、急騰、急落などさまざまなパターンを考える

07

5つのシナリオを考えてトレードする

▼トレードのシナリオを考える

トレードするときは、相場のあらゆる可能性を事前に考えて、それぞれの場合に自分はどうするべきかを考えます。

具体的には、上昇した場合、下降した場合、停滞した場合、急騰した場合、急落した場合の5つの可能性が考えられます。それぞれの場合にポジションをどうするのかは常に考えるようにしましょう。

「相場を予測することはできないので、5つの動きに合わせたシナリオをあらかじめ考えておくと、トレード中にどうしようと迷うことはなくなります」とエニ

ルさんは言います。

シナリオの考え方はとくに難しいものではありません。たとえば、買いエントリーをしたとき、上昇した場合はどこで利食いをするのかを考えておきます。下降した場合は損切りをどこでするのかを考えます。このふたつは66ページで説明した撤退条件に関連するところなのですでに考えられているでしょう。

停滞した場合は、ポジションを持ち続けるのか、イグジットして仕切りなおすのかの選択肢があります。自分のスタイルに合わせて決めるといいでしょう。

急落についてはこちらも損切りに関連するところになります。急騰の場合は、人によって意見が大きく異なるところでもあります。利益を追及するために保有し続ける人もいれば、リバウンド警戒で早めにイグジットする人もいます。こちらもリスクの取り方の考え方で決めるといいでしょう。

予想外をなくせば失敗も少なくなる

トレードで失敗する原因の多くは予想外のことが起きたときに対処法がわから

ずに、損切りが遅れてしまうパターンです。そのため、予想外の事態が起こらないように、あらかじめさまざまなパターンを予想しておくことが大事なのです。

「相場はどうなるかわかりませんが、結局のところ、上昇、下落、急騰、急落、停滞のどれかなので、それぞれの対処を考えておけば予想外の動きはしません」とみくのすけさんは言います。

5つのシナリオを考える

相場の動きは上昇、下落、急騰、急落、停滞の5種類しかないので、それぞれの動きに対応したシナリオを考えておけば予想外のことはおきません。トレード中にパニックにならないように、あらかじめそれぞれのシナリオを考えてきましょう。（エニルさん）

08

2つの失敗を自覚してトレードを改善する

失敗は自分のせいだと自覚することが大事

トレードで失敗したことがないという人はいないでしょう。トレード失敗の原因のほとんどは自分にあります。たとえば、レバレッジを上げすぎて失敗したり、損切りをしなかった、なんとなく勝てると思ってルール外のトレードをした、焦って適当なトレードをした、負けがこんで感情に任せてトレードしたなどトレンドやテクニカル分析以外で判断した経験があるのではないでしょうか。

「極端な話、トレンド分析やテクニカル分析による失敗は大きな失敗にはなりにくい傾向があります。ルールを無視してしまったりなど自分の行動や感情的な部分が原因による失敗は被害が大きくなってしまう傾向があります。つまり、自滅して失敗しているわけです。まずは失敗の原因は自分にあることを自覚することから始めましょう」とみくのすけさんは言います。

失敗の原因を追及する

失敗してしまうこと自体は仕方がないことで、避けようがありません。ですから、失敗したことを認め、次はどうしたら失敗しないのかを考えていきましょう。失敗の原因は行動によるものと感情によるもののふたつにわかれます。

行動による失敗は行動を管理することで避けることができます。たとえば、レバレッジを上げすぎて失敗してしまうのであれば、レバレッジの倍率は2倍までとルールを決めてメモに書き込んでパソコンに貼っておくなどしましょう。損切りや利食いの失敗も同じようにメモしておいて行動を管理できるようにします。

感情による失敗は管理が難しいものです。まずは、自分がどのような精神状態のときに失敗するのかを分析しましょう。怒ったときなのか、落ち込んだときなのか、勝ちすぎて余裕があるときなのかどんなときに失敗しているのかを確認します。

自分のなかにある感情を認め、その感情を手放したらどんな良いことがあるのかを考えることも有効です。

「精神的な部分を強くする方法は人によって異なるので難しいところですが、自分の中に悪い感情があることを認め、その感情を手放す努力をすることが解決への第一歩だと思います。また、気分転換などリラックスする時間を作ることも大切です」としさんを言います。

本書で紹介するトレーダーのなかには、自分の精神状況に異変を感じたら、散歩をしたり、ゲームをしたりするなどFXから離れる行動をとる人もいます。

自分なりに感情との付き合い方を考え、どうすれば怒りに任せたり、落ち込んだ状態でトレードをしなくなるのかを考えてみましょう。

大きな失敗の原因は自分にある

大きな失敗の原因の多くは自分自身にあります。まずは、そのことを認め、改善するにはどうしたらいいのかを考えていきましょう。行動による失敗は行動を管理するにはどうしたらいいのか、感情による失敗なら感情を管理するにはどうしたらいいのかを考えていきます。（みくのすけさん）

09

年単位での収益を記録する

▼年単位で勝てていればＯＫ

１回１回のトレードで一喜一憂していても、意味がありません。少なくても年単位で収益があって初めてＦＸで成功していると言えます。

「トレードは毎回勝てるわけではないので、年単位で利益が得られていれば十分です。スイングトレードや長期トレードの場合は、年間でもトレード回数が少なくなりがちなので２〜３年で考えてもいいでしょう」とつかさささんは言います。

年単位で利益を得られているかを把握するためには、トレードを記録するのがよいでしょう。

ただ勝った負けただけを記入するのではなく、そのときのトレードシナリオはどのように考えていたのか、勝てた原因はなにか、負けた原因はなにか、そのときのファンダメンタルズについてどのように考えていたのかなども書き込んでおきます。

「これらを書き込んでおくと、将来見返したときに自分自身や手法についての弱点が見えてきたり、どのように改善すればいいのかが見えてきます。面倒がらずに1回1回のトレードについて書き込んでいくようにしましょう」

1年間のトレード内容を記録する

自分がどのくらいの収益を得ているのかを確認するために、すべてのトレードについて記録し、年単位で収益を得ているのかを確認します。また、その際には、トレードに関するさまざまな内容を記入しておくと、将来自分の弱点を見つけるきっかけになります。（つかささん）

第4章

押し目買い・戻り売りを使ったトレーダーの手法

実際に押し目・戻りを使って稼いでいる人はどのような手法を使っているのか気になるでしょう。押し目・戻りを使って稼ぐ現役トレーダー6人のトレード手法を解説しましょう。

ボリンジャーバンドと長期移動平均線を使った長期トレード

01

モコさんの手法

私のトレードのポイント

ボリンジャーバンドと移動平均線を組み合わせた長期トレードです。移動平均線やファンダメンタルズでトレンドを確認し、ボリンジャーバンドの各ラインを使い押し目・戻りを狙ってエントリーします。

モコさん

▼移動平均線とボリンジャーバンドを使う

モコさんの投資手法は、チャートに移動平均線やボリンジャーバンドを表示し4時間足や日足、週足でトレンドを確認し、そのトレンドに合わせて1時間足でトレードをします。

ポジションの保有期間は状況によって異なりますが、長いときは、数カ月にわたって保有し続けることもあります。

使用するテクニカル指標の設定は次のようになります。

移動平均線

参照期間「200」

ボリンジャーバンド

参照期間「20」

σライン「±1σ」「±2σ」「±3σ」

ローソク足

「1時間足」「4時間足」「日足」「週足」

基本的に、4時間足や週足、日足で長期トレンドをつかんでトレードの方向性を決めます。エントリーは1時間足を見て行いますが、利食いは日足で判断します。

また、通貨ペアは米ドル／日本円やユーロ／日本円、英ポンド／日本円などがメインですが、そのほかの通貨ペアでもチャンスがあればトレードをします。

モコさん

モコさんのチャート画面

ボリンジャーバンドと移動平均線を表示する

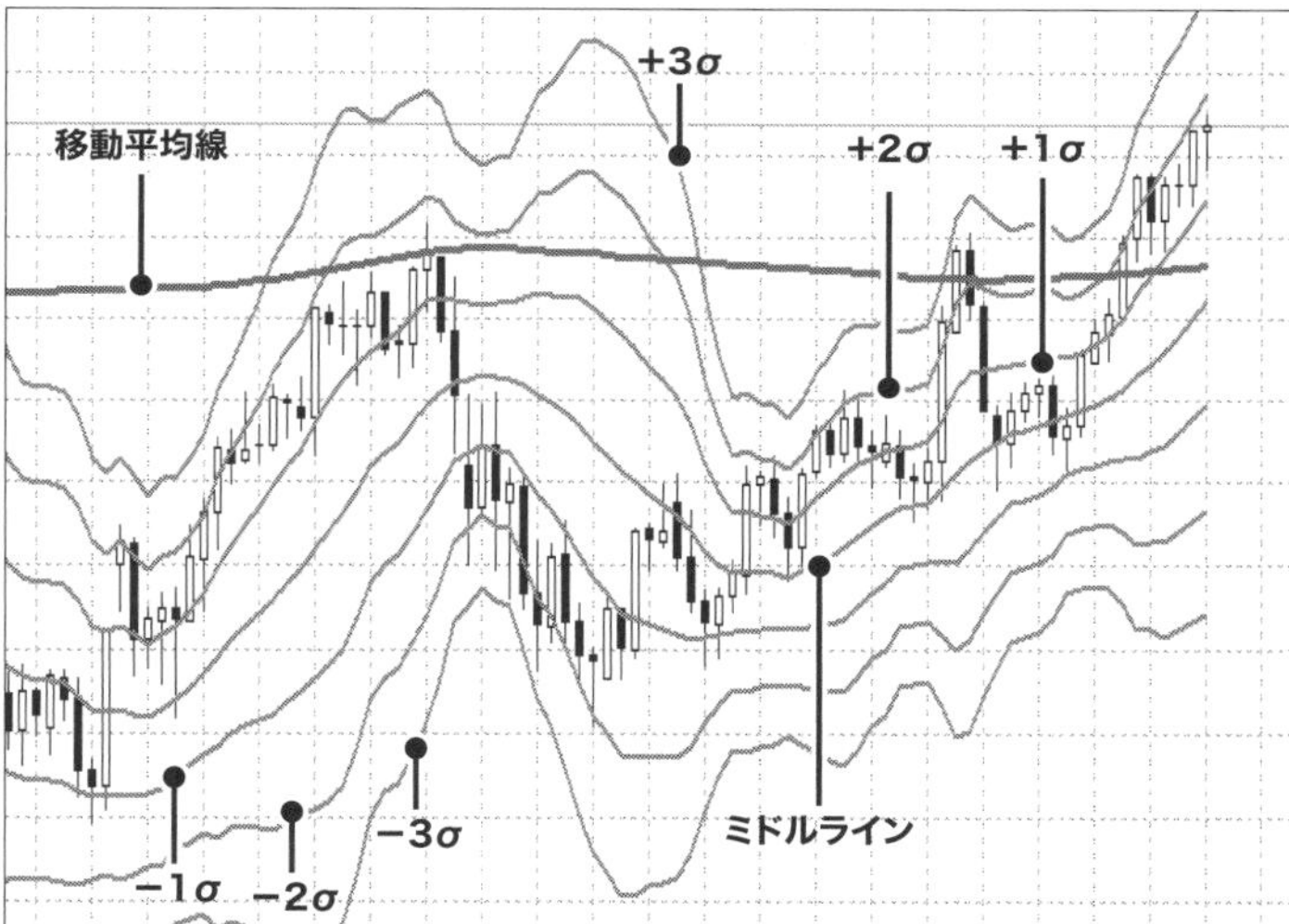

参照期間 20 のボリンジャーバンドと参照期間 200 の移動平均線を表示する。

02

移動平均線とミドルラインでトレンドの強さも確認

私の相場分析のポイント

複数の時間足に表示した移動平均線でトレンドを確認します。トレンドの方向だけでなく、なぜそのトレンドが発生しているのかを考え、この先どのように動くのかを予想します。

モコさん

▼移動平均線でトレンドを確認する

エントリー前に1時間足、4時間足、日足、週足に表示した移動平均線の状態からトレンドの方向を以下のようにして、確認します。

①移動平均線が上昇していれば「上昇トレンド」
②移動平均線が下降していれば「下降トレンド」
③移動平均線の向きがはっきりしないときは「トレンドがない」

それぞれの時間足でトレンドを確認したら、トレードするかしないかの判断をします。すべての時間足が①や、②の場合は一方向に強いトレンドが発生していると判断できるので、次のステップに進みます。時間足によって①と②が入り乱れている場合は、全体的なトレンドの方向性が不明瞭だと判断し、トレードは行いません。「①と③」や「②と③」の場合は、どの時間足でトレンドが出ているのかを確認します。1時間足と日足でトレンドが出ている場合は、トレードを行います。整理すると以下のようになります。

トレードの条件

・すべての時間足が①

・すべての時間足が②

・日足と1時間足が①かつその他の時間足が①か③

・日足と1時間足が②かつその他の時間足が②か③

トレードの条件を満たしていたら、なぜそのトレンドが発生しているのかを確認します。相場が動くにはなにかしらの理由があります。なぜ今トレンドが発生しているのかを経済関係のニュースから推察します。

たとえば、日米の金利差拡大によってドル円相場にトレンドが発生しているなら、米国の利上げが頭打ちになったり、日本が利上げに踏み切るような状況になれば、トレンドが終わりに近づくと考えられます。

相場状況を確認する

トレンドの判断

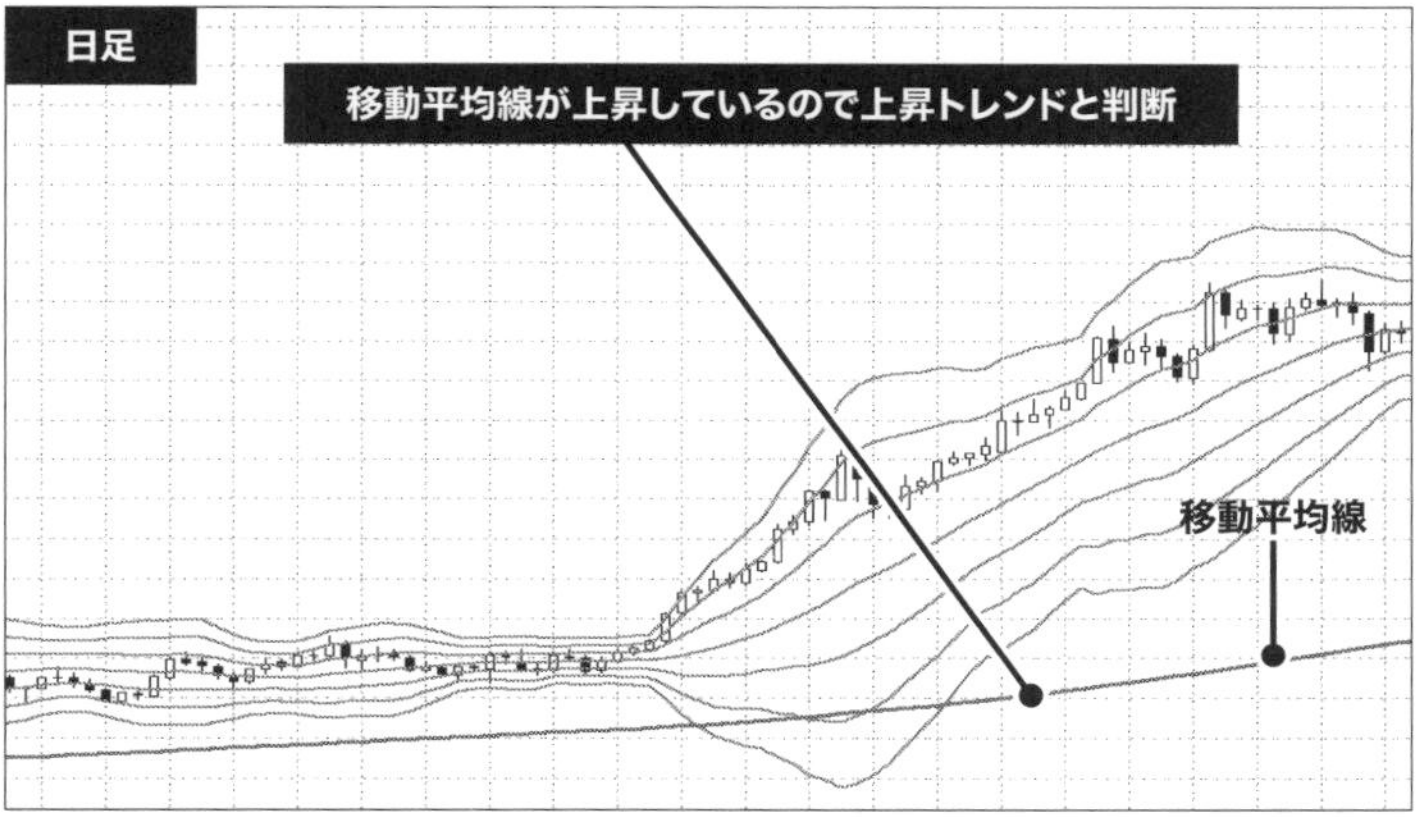

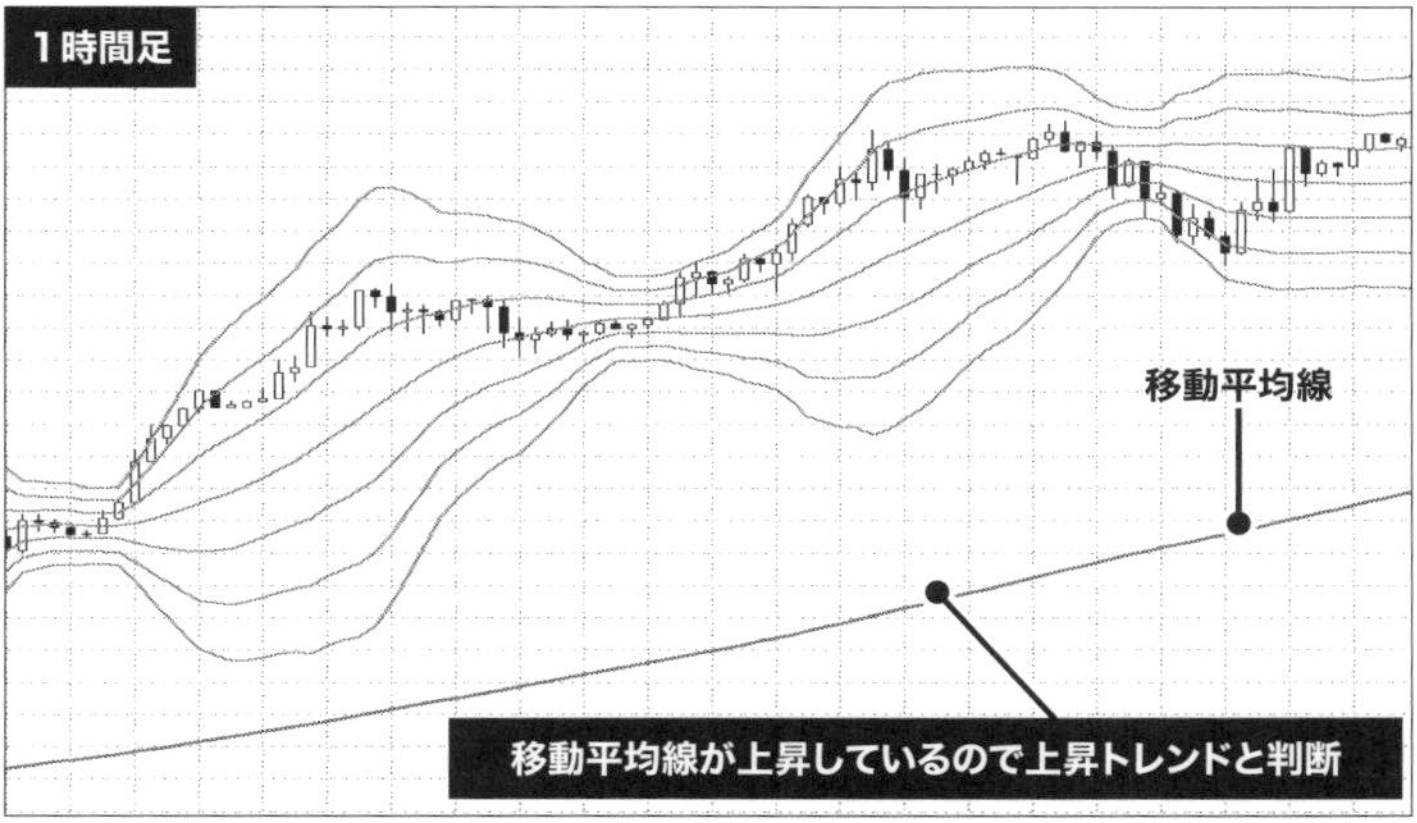

日足と1時間足の移動平均線が上昇しているので、トレードの条件を満たしていると判断する。

03

シナリオを考えて押し目(戻り)エントリー

私のエントリーのポイント

強いトレンドが出ているときに、ボリンジャーバンドのミドルラインやσライン付近でローソク足の押し目・戻りを確認したらエントリーします。また、相場の状況によってトレード枚数は調整します。

モコさん

ボリンジャーバンドとローソク足でエントリーする

トレードの条件が整っていたら、トレードのシナリオを考えます。どのように考えるのかは状況によって異なりますが、初心者でもわかりやすいのはチャートがどこまで伸びるのかを考えることです。

たとえば、上昇トレンドの場合は日足を見て、直近高値やボリンジャーバンドのプラス2σやプラス3σまで上昇すると想定したとき、どのくらいの利益になるのかを考えます。下降トレンドの場合は直近安値やボリンジャーバンドのマイナス2σやマイナス3σまで下落したときで考えます。だいたい200pips程度の利益が見込めるのであれば、エントリーを考えていきます。

具体的なエントリータイミングは、1時間足で上昇トレンド中に押し目をつくったあとの上昇や、下降トレンド中の戻りをつくったあとの下落を狙います。

ただし、なにもない場所でローソク足が押し目・戻りの形になったからといってトレードしてしまうとダマシの可能性があるため、上昇トレンドのときは、ローソク足がミドルラインやσライン付近で押し目↓上昇で買いエントリー。下降トレンドのときは、ローソク足がミドルラインやσライン付近で戻り↓下落が発生したら売りエントリーします。
また、より確度の高いエントリーポイントとしては、左ページのように、ラインを突き抜け、押し目・戻りをつくったタイミングです。ラインを突き抜けているので、トレンドの勢いが強いと判断できるため、信頼できるエントリーポイントだといえます。

売りサイン
下降トレンド中に、ミドルラインやσラインでローソク足が戻りを作ったあとに再度下落したとき

買いサイン
上昇トレンド中に、ミドルラインやσラインでローソク足が押し目を作ったあとに再度上昇したとき

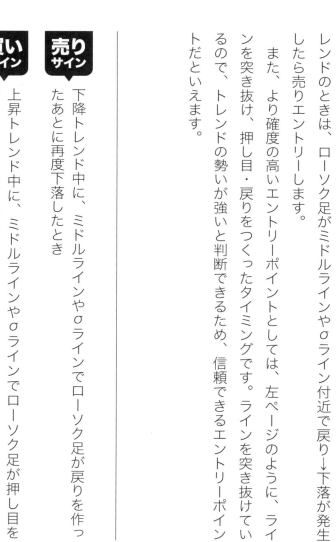

モコさん

エントリータイミング

買いエントリーの場合

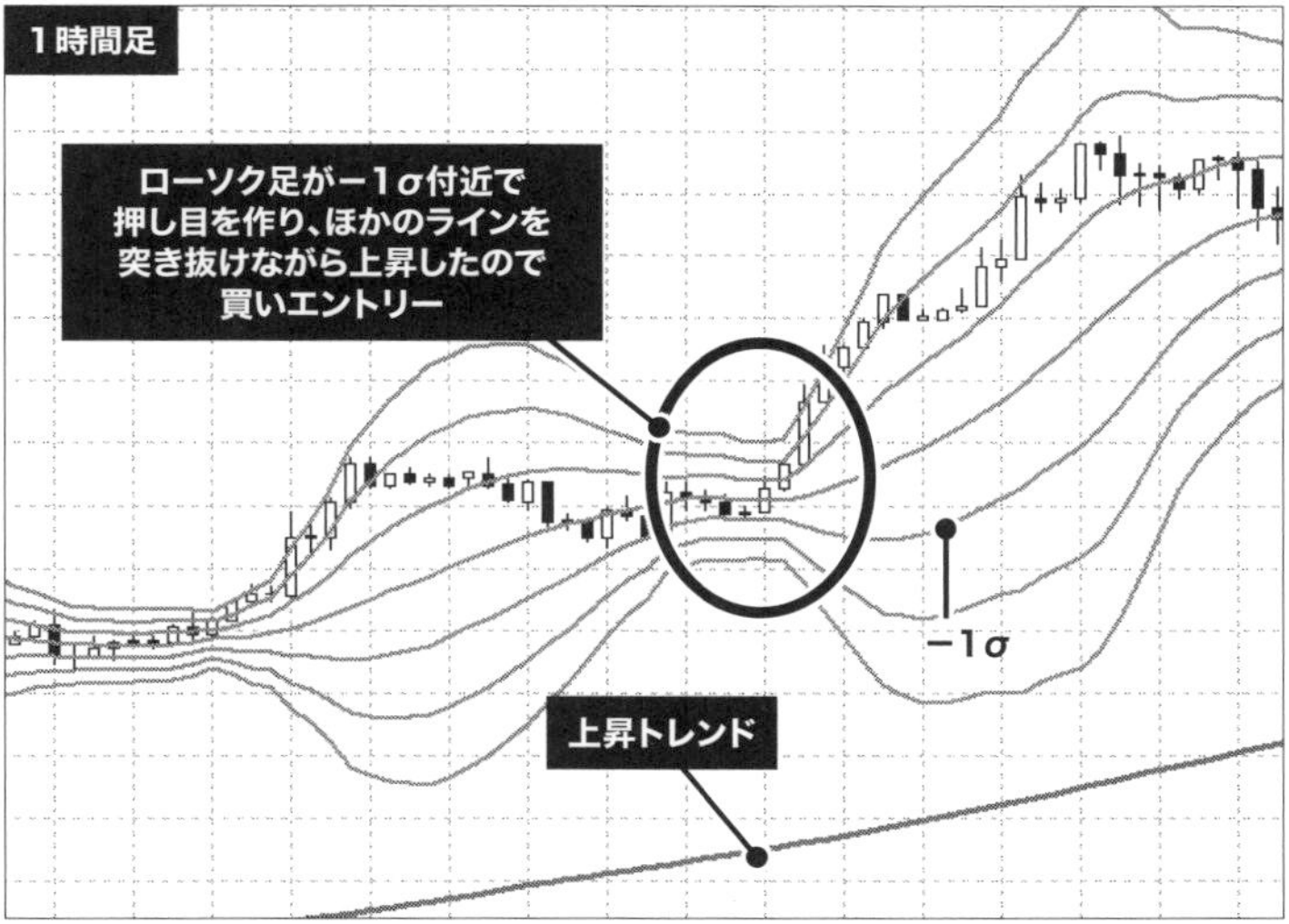

上昇トレンド中にローソク足がいったん下落し、押し目を作った状態で再び上昇したので買いエントリーをする。

ある程度の含み益になったら利食いのタイミングを探る

04

200pips以上で利食いをする

私の利食いのポイント

含み益が200pips以上で利食いします。200pips以上の含み益がある状態で日足のσラインにタッチしたら、利食いをします。また、200pips未満でもファンダメンタルズの状況次第で利食いをすることもあります。

モコさん

ローソク足がラインにタッチしたら利食い

エントリー後は基本的に日足を見てイグジットのタイミングを計ります。利食いは、200pips以上を目安として、チャートの動きからタイミングを判断します。含み益が200pipsを超えたら、利食いのタイミングを考えていきます。

利食いのタイミングは複数あり、基本的にはラインタッチで行います。たとえば、買いエントリー後に含み益が200pipsある状態で、プラス3σやプラス2σなどすぐ上にあるラインにタッチしたら、トレンドが反転する可能性を考え、利食いします。また、含み益が200pips以上ある状態でローソク足が反転し、下にあるσラインにタッチした場合も利食いをします。

利食いを判断するラインはなんでもかまいません。含み益が200pips以上になった時点で近くにあるラインまで動いたら利食いします。

含み益が200pipsに満たない時点では、チャートを見て利食いをすることはありませんが、ファンダメンタルズ次第で利食いをすることはあります。

たとえば、買いポジションを持っている場合はアメリカにとってマイナス。日本にとってプラスになるニュースが流れた場合は、トレンドの変化に警戒して利食いをします。

逆に売りポジションを持っている場合は、アメリカにとってプラス、日本にとってマイナスになるニュースが流れたら利食いします。詳しくは118ページで解説します。

モコさん

利食いタイミング

買いエントリーの場合

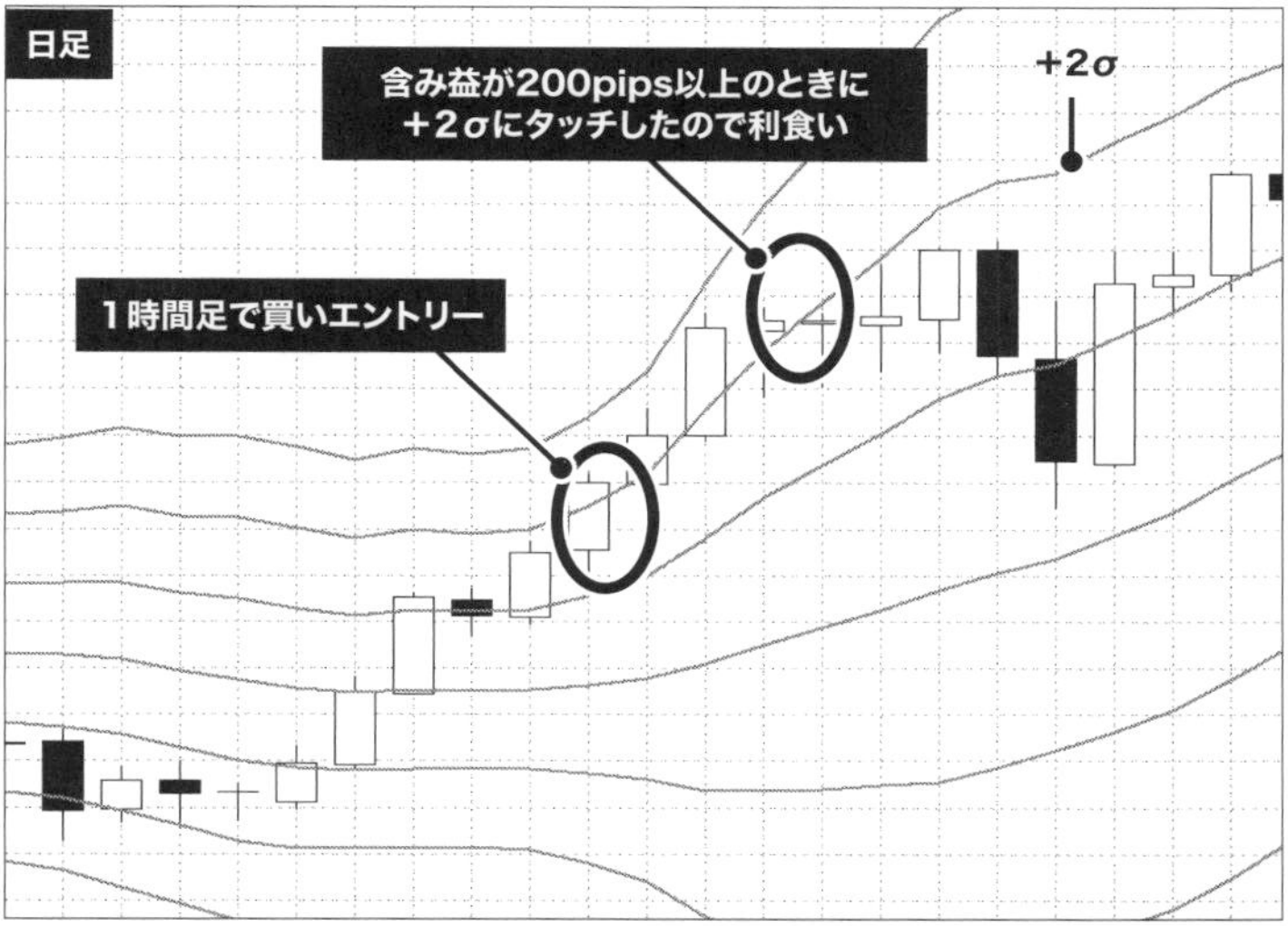

上昇トレンド中にエントリー後、含み益が 200pips 以上ある状態で＋２σにタッチしたので利食いする。

利食いと損切りの目安は2対1を意識する

05

リスクリワードで損切りを設定

私の損切りのポイント

リスクリワードを意識して、含み損が100pipsを超えたら損切りをします。また、100pips以下の状態でも、ローソク足が反転してσラインにタッチした場合は、損切りをします。

モコさん

基本的には含み損100pips以上で損切り

損切りは含み損が100pips以上になった時点で行います。利食いは200pipsを目標にしているので、その半分で損切りを行うことで、リスクリワードが2以上になることを目標にしています。

ただし、含み損が100pipsに満たない場合でも損切りすることがあります。買い（売り）エントリーしたあとに1時間足チャートでローソク足がエントリー基準にしたラインのひとつ下（上）のσラインにタッチしたときは損切りをします。

ひとつ下（上）のσラインまで動いてしまうと、エントリーサインがダマシだった可能性が考えられるので、いったんイグジットをして様子見をします。

その後、ローソク足が押し目・戻りをつくったら、再度エントリーをします。このときもファンダメンタルズを確認するようにしましょう。

また、利食いと損切りは2対1の割合になっていればいいので、利食い200pips、損切り100pipsで成績が安定しない場合は、利食い

100pips、損切り50pipsなどのように調整するのも有効です。

モコさんも、相場と利食いと損切りがかみ合っていないときは、利食いと損切りの基準を調整してトレードを行っています。

損切りのタイミング

ローソク足上昇したら損切り

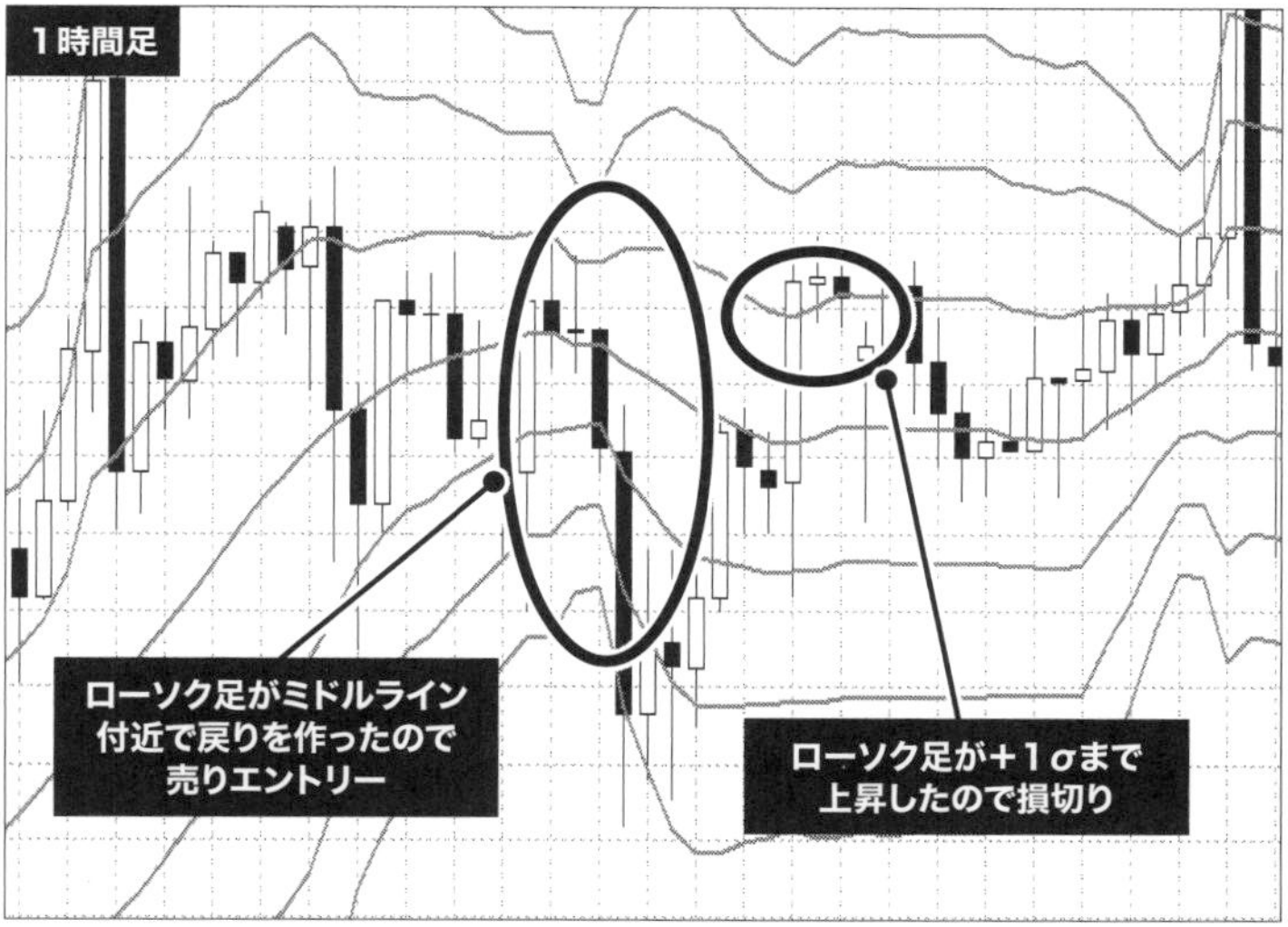
> 付近で戻りを作ったので
> 売りエントリー

ローソク足がエントリーの基準になったーミドルラインのひとつ上にある＋１σにタッチしたので損切りをする。

リスクリワードは2以上を目標としています

金融＆政治のニュースは欠かさずチェックする

06

トレンドが変わるニュースが発生したらイグジット

私のイグジットのポイント

毎日トレードしている通貨に関係するニュースをチェックして、トレンドが変わるようなニュースがないかをチェックしましょう。相場に影響があるニュースが流れたら、場合によってはイグジットを考えます。

相場に異変が起こったらイグジット

テクニカルでイグジットのサインが出ていなくても、ファンダメンタルズの状況によっては、イグジットをすることがあります。たとえば、上昇トレンド中にアメリカで悪いニュースが流れたり、日本で良いニュースが流れたときは、トレンドが反転する可能性があるので、イグジットします。ドル円が下降トレンドのときにアメリカで良いニュースが流れた場合も同様です。日本で悪いニュースが流れた場合は、トレンドが上昇に転じる可能性を考えイグジットします。

ただし、ニュースのなかには一過性の影響を与えるだけで長期的に影響を与えないものもあります。たとえば、２０２３年３月の米銀行破綻は為替に対して一時的な影響はあったものの長期的な影響は２０２３年5月時点ではあまりありません。このようなニュースが出たときはあわててすぐにイグジットするのではなく、相場状況や有識者のコメントを確認するようにしましょう。

前述したように、長期トレンドはファンダメンタルズによって左右されるので、日々のニュースをチェックするようにしましょう。とくにお金に関するニュースや世界情勢に影響を与えるようなニュースが報道されたときは、相場にどのような影響があるのかを考え、ポジションをホールドするか手放すかを考えるとよいでしょう。

また、金利関係のニュースは相場に大きな影響を与えやすいので、とくに注目する必要があります。ドル円でトレードするなら日本とアメリカの金利に関係するニュースには気を配るようにしておきましょう。相場に影響が出そうなニュースが発生したときは、相場が動く前にイグジットすることも考えましょう。

相場に異変がおきたらイグジット

2022年12月のドル円チャート

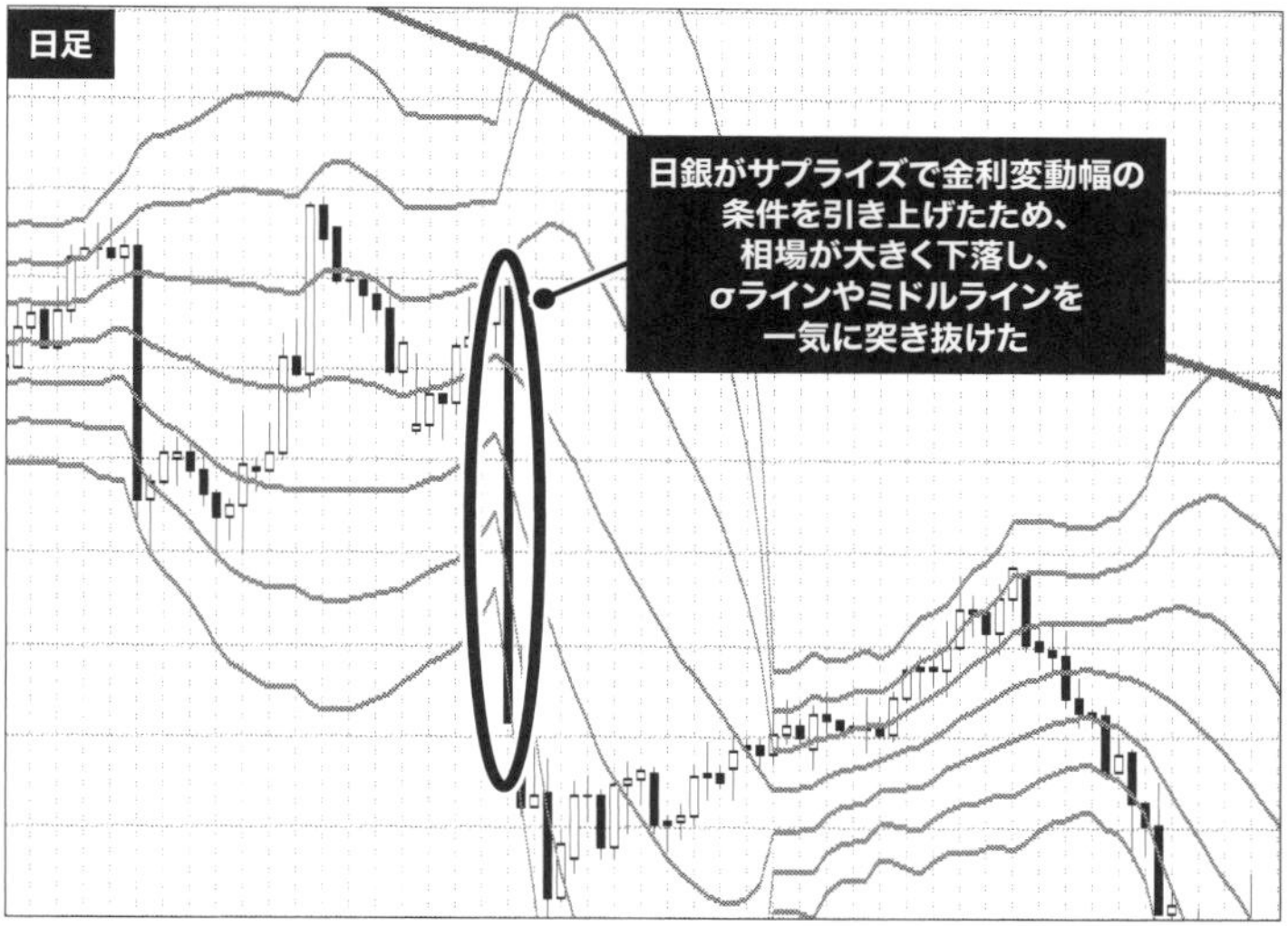

日足

日銀がサプライズで金利変動幅の
条件を引き上げたため、
相場が大きく下落し、
σラインやミドルラインを
一気に突き抜けた

このような状況下でポジションを持ち続けるのは危険なので、相場に異変を感じたらすみやかにイグジットする。

ニュースによって
相場がどう動くのかを
考えましょう

01 し〜さんの手法

私のトレードのポイント

移動平均線とダウ理論で相場環境をつかみ、水平線やトレンドラインをもとに押し目・戻りを狙ったスイングトレードです。

し〜さん

▼移動平均線とダウ理論によるトレンドフォロー

し〜さんのトレード手法は、ダウ理論と移動平均線で相場環境を認識し、水平線やトレンドラインを使った、トレンドフォローのスイングトレードです。

チャートの設定は以下のようになります。

移動平均線

参照期間「25」「50」

ローソク足

「15分足」「日足」「週足」

通貨ペアは米ドル／日本円がメインですが、ユーロ／米ドル、英ポンド／米ドル、ユーロ／日本円、豪ドル／米ドル、NZドル／米ドルなども監視しています。

また、これらに加えて水平線やトレンドラインを引きます。水平線は直近高値や安値、直近の大きなトレンドの高値や安値、過去10年くらいの目立った高値や安値などに引きます。最初のうちは、気になるところには水平線を引いていき、抵抗線・支持線として機能するラインを残していくという方法をとるといいでしょう。

し〜さん

し〜さんのチャート画面

移動平均線を表示する

参照期間 25 と 50 の移動平均線を表示する。

ダウ理論で判断できない場合は移動平均線を確認

02

ダウ理論で相場の状況を確認する

私の相場分析のポイント

日足と週足でダウ理論を使って相場状況を確認します。ただし、あきらかにトレンドが出ているのにもかかわらず、ダウ理論で判断できない場合は、移動平均線でトレンドを判断することもあります。

し〜さん

ダウ理論でトレンドを確認する

トレード前に、日足や週足で相場状況を確認します。相場は、基本的に上昇トレンド、下降トレンド、横ばいのいずれかの状態になっています。相場状況がどのようになっているのかを判断するためにダウ理論を使います。

ダウ理論とは、19世紀後半に米国の証券アナリストであるチャールズ・ダウ氏が考案したトレード理論です。ダウ理論の詳細については割愛しますが、し〜さんがもっとも重要だと考えているのは、トレンドの定義についてです。

ダウ理論では、連続する高値および安値が、それより前の高値・安値より上に位置する状態を「上昇トレンド」、下に位置する状態を「下落トレンド」と定義しています。つまり、高値と安値がそれぞれ切り上がっていれば「上昇トレンド」、高値と安値がそれぞれ切り下がっていれば「下降トレンド」と判断します。

また、ダウ理論では「明確なトレンドが発生した場合、トレンド転換のシグナルが出るまでは、そのトレンドが継続する」という考え方をしています。

このふたつの考え方をもとに相場状況を分析します。まとめると以下のようになります。

①日足と週足で高値と安値が切り上がっていたら上昇トレンド

②日足と週足で高値と安値が切り下がっていたら下降トレンド

ただし、場合によっては、明らかに上昇トレンドや下降トレンドなのに、ダウ理論ではトレンドと判断できない状況があります。

たとえば、左ページのように、あきらかな下降トレンド中にローソク足も全体的には下降しているにもかかわらず、高値が切り上がっています。ダウ理論では下降トレンドと判断できません。このときは、移動平均線の向きを見ます。２本の移動平均線が上向きなら、上昇トレンドと判断し、下向きなら下降トレンドと判断します。

し〜さん

ダウ理論で判断できないときは移動平均線

トレンドの判断

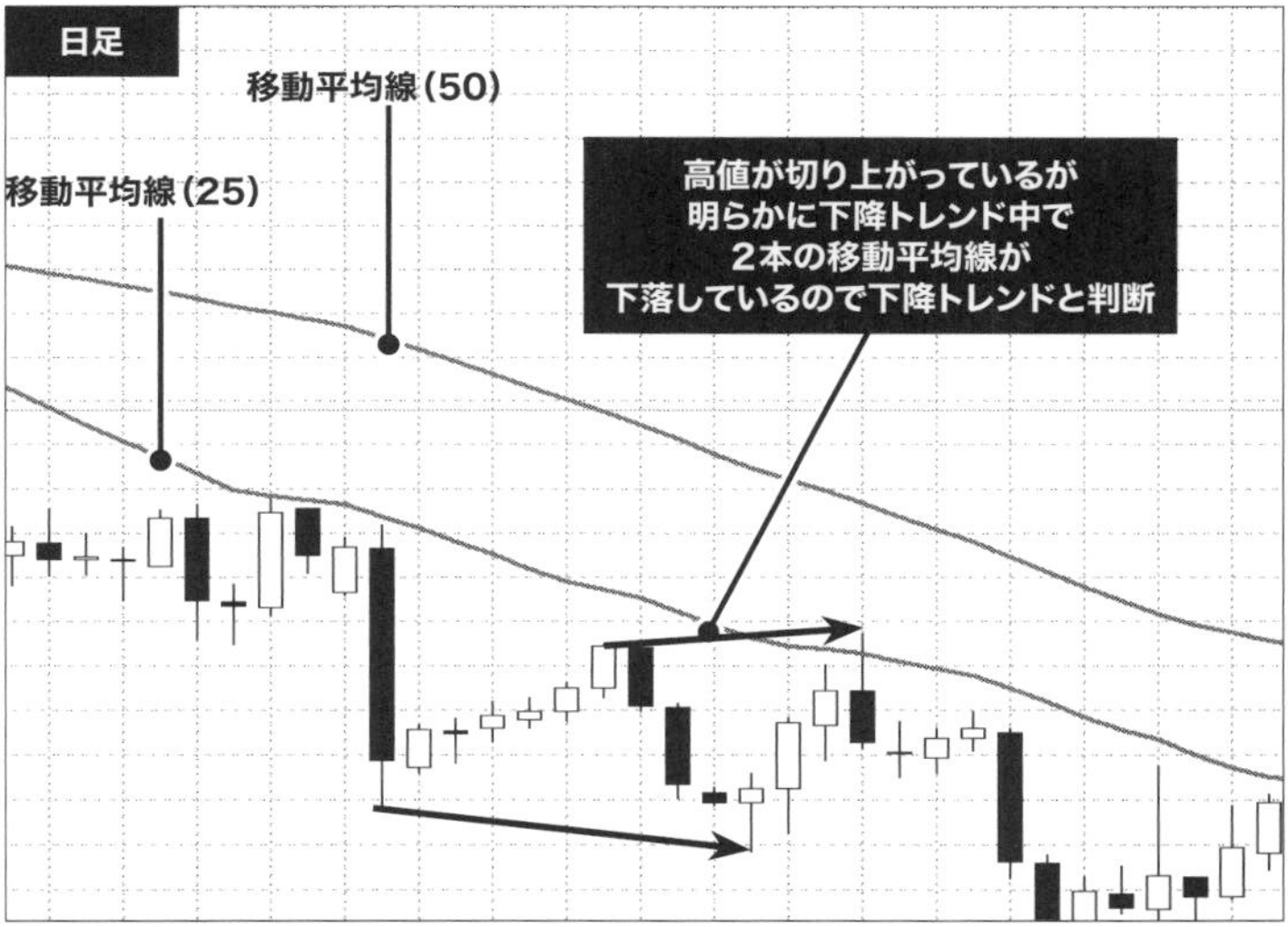

移動平均線が下落しているので、下降トレンドと判断。

何度も跳ね返っているラインに注目する

03

水平線とトレンドラインを引き重要なラインを把握する

私の相場分析のポイント

強力な抵抗線や支持線として機能しているラインを見つけだします。日足や週足の長期ローソク足チャートからなんでも反発しているラインを見つけることが大切です。

し〜さん

▼水平線とトレンドラインを引く

トレンドを確認したら、トレンドラインや水平線を引きます。引き方のポイントはローソク足のヒゲを含めて水平線やトレンドラインを引くことです。トレンドラインや水平線が有効な理由は世界中のトレーダーが同じラインを引いているからです。日本では、ローソク足チャートが主流ですが、海外ではバーチャートやラインチャートなどを使用しているケースが多い傾向にあります。ヒゲを無視すると、海外のトレーダーと違うラインを引いてしまうことになります。

また、水平線やトレンドラインをすべて平等な強さとして見るわけではありません。ラインの強さを判断するためのふたつのポイントがあります。

①何度も支持線や抵抗線として機能しているラインほど強い

②期間が長い時間足ほど水平線やトレンドラインが強力に働く

何度も為替レートがそのラインで反発すると、そのラインに気づくトレーダーが増え、より強く意識されるようになるため、重要度が高いラインとして意識します。

ふたつめの、期間が長い時間足ほどラインが強力だというのは、たとえば1時間足のトレンドラインと週足のトレンドラインでは、週足のほうがトレーダーに意識されやすく、強力なラインになります。

つまり、週足や日足などの長期時間足に引いたラインで何度も支持線や抵抗線として機能しているときは非常に強力ということなので、意識しておく必要があります。

強く機能するラインの見つけ方

なんども反発しているライン

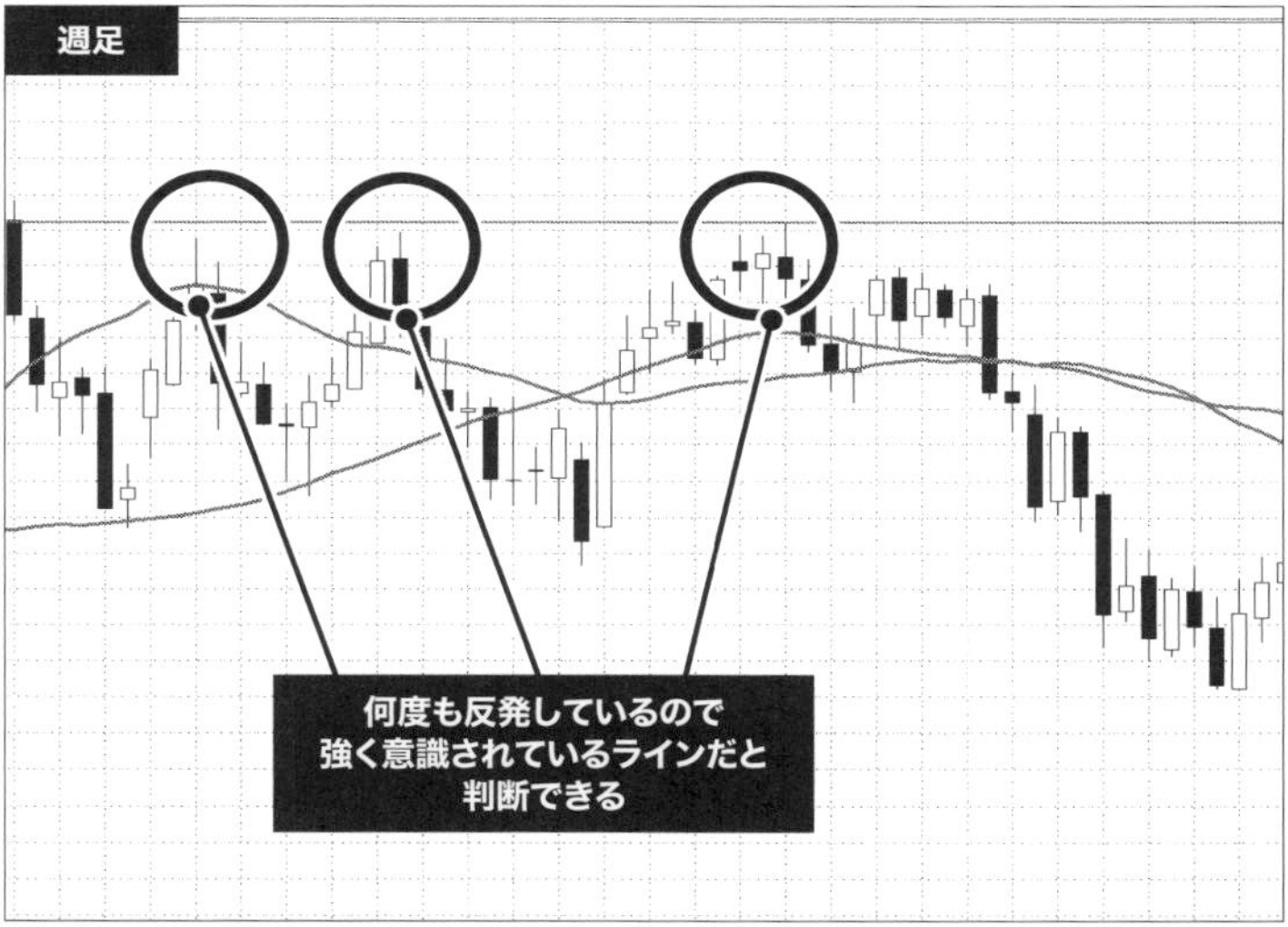

日足や週足などで何度も反発しているラインは抵抗線や支持線として強く機能しているので把握しておくことが必要。

04

抵抗線や支持線を中心とした押し目・戻りでエントリー

私のエントリーのポイント

15分足チャートでレジサポ転換が発生したタイミングを狙います。抵抗線や支持線を中心として、押し目・戻りの形になったタイミングでエントリーを行います。ただし、エントリーポイント付近に長期時間足のラインが引かれている場合は、エントリーを見送ります。

し〜さん

▼レジサポ転換を狙ってエントリー

週足や日足でトレンドを確認し、ラインを引いたら、15分足でエントリータイミングを計ります。

エントリーは15分足チャートに引いた水平線やトレンドラインのレジサポ転換を狙います。レジサポ転換とは、抵抗線として機能していた水平線やトレンドラインをローソク足が抜けた後に支持線として機能するようになったり、支持線として機能していた水平線やトレンドラインをローソク足が抜けた後に抵抗線として機能するようになることを指します。

つまり、抵抗線として機能しているラインをローソク足がいったん上に抜けた後に、そのラインまで戻り、反発し上昇したら買いエントリーします、売りエントリーの場合は、支持線として機能しているラインをローソク足がいったん下に抜けた後に、そのラインまで戻り、反発し下落したタイミングで行います。

形としては、抵抗線として機能しているラインを中心とした押し目買い、支持線として機能しているラインを中心とした戻り売りの形になります。

エントリーするときに注意する点がひとつあります。

それは、日足や週足で引いたトレンドラインや水平線がエントリーポイントの近くにないことを確認しましょう。たとえば、買いエントリーをするときに現在値のすぐ上に日足や週足で引いた水平線がある場合は、そのラインで反発する可能性があるため、エントリーしません。

エントリーするかしないかの判断は自分が狙うｐｉｐｓ数で決めます。たとえば、１００ｐｉｐｓの利益を狙う場合は１００ｐｉｐｓ以内に水平線やトレンドラインがある場合は、エントリーしません。

売りサイン

下降トレンド中に、15分足で支持線を中心としたレジサポ転換が発生し、付近に長期時間足のラインがないとき

買いサイン

上昇トレンド中に、15分足で抵抗線を中心としたレジサポ転換が発生し、付近に長期時間足のラインがないとき

し〜さん

エントリータイミング

買いエントリーの場合

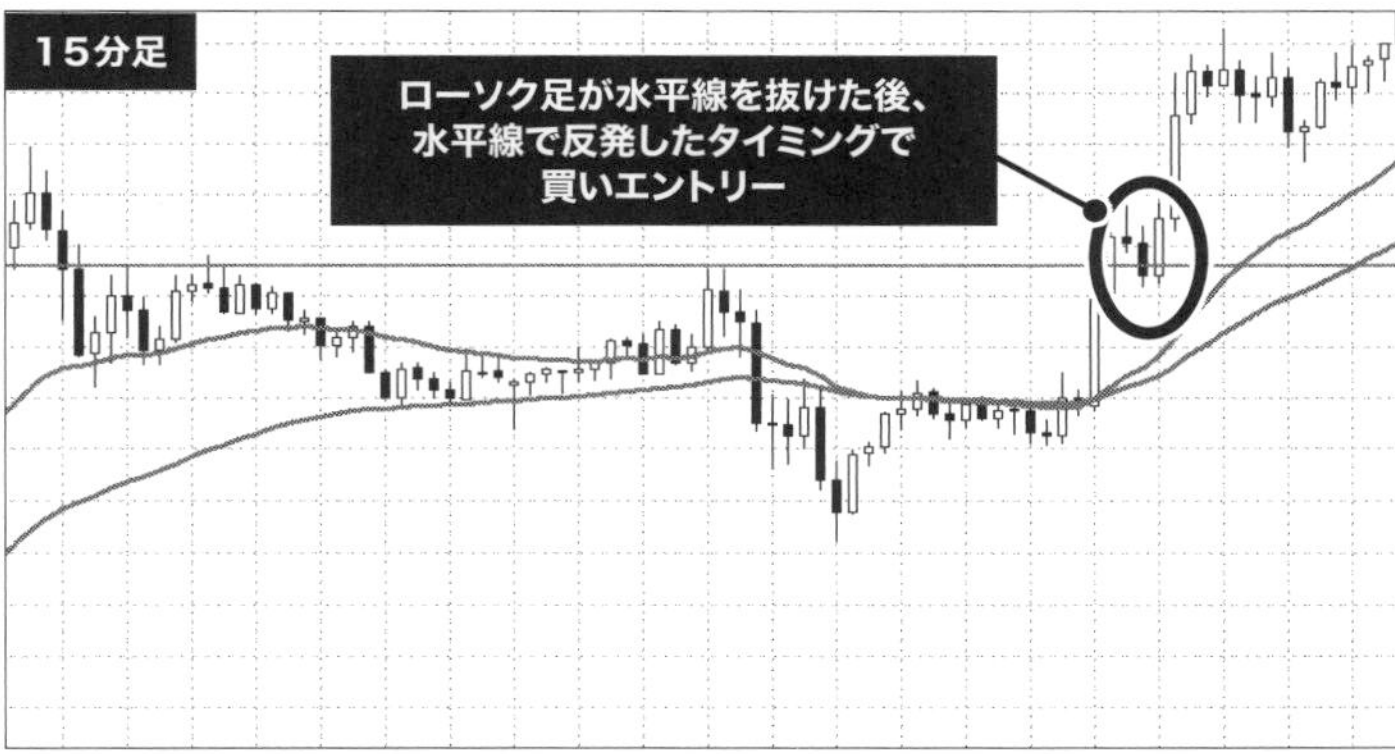

ローソク足が水平線を抜けた後、水平線で押し目を作って上昇したタイミングで買いエントリーする。

買いエントリーしないパターン

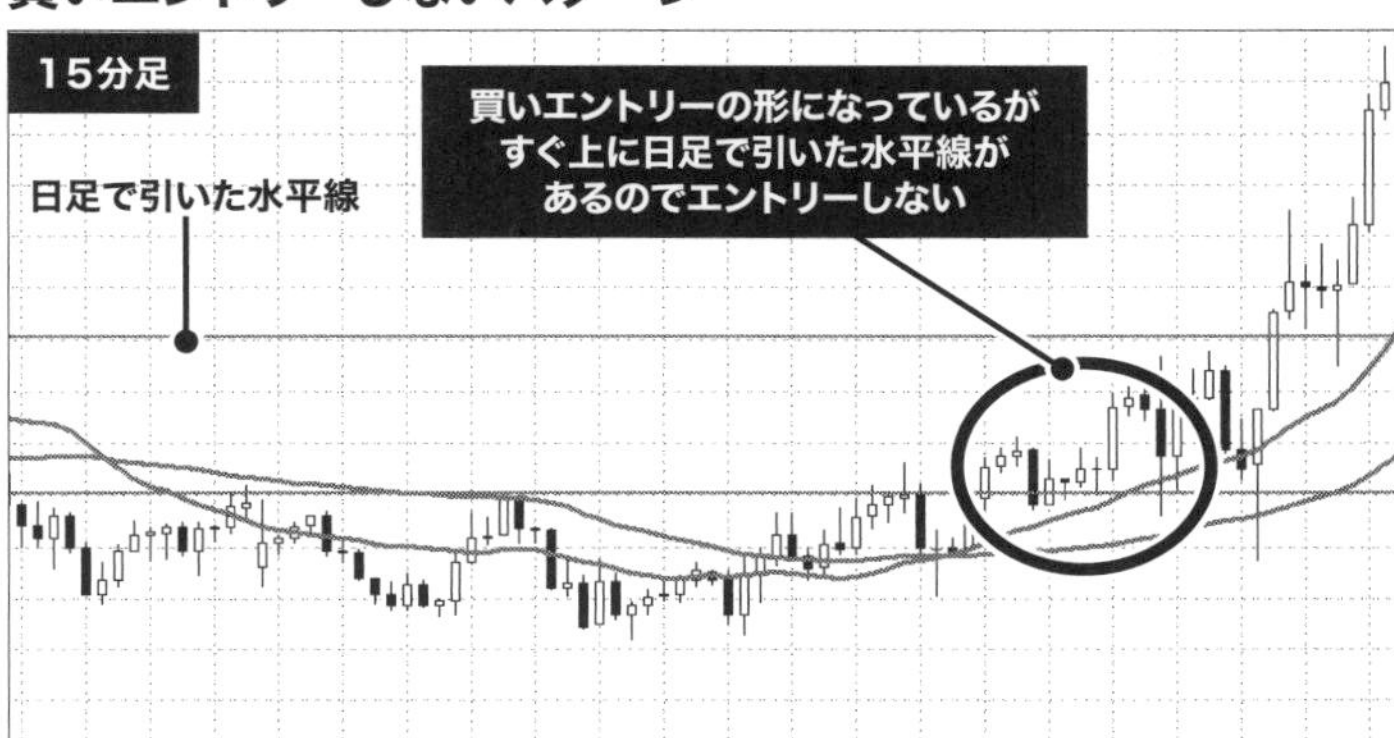

ローソク足が水平線を抜けた後、水平線で押し目を作っているが、すぐ上に日足で引いた水平線があるので買いエントリーはしない。

エントリー枚数の半分で利益を伸ばす

05

利食いと損切りは2対1を目指す

私のイグジットのポイント

含み益が１００ｐｉｐｓを超えたら利食い、含み損が50ｐｉｐｓを超えたら損切りをします。また、利食いについては最初は半分だけ行い、残り半分はさらなる利益を目指します。

し〜さん

含み益や含み損を見てイグジット

イグジットはｐｉｐｓ数を見て判断します。基本的には、利食いをするときは100ｐｉｐｓ以上、損切りは50ｐｉｐｓ以内を目指します。

含み益が100ｐｉｐｓ以上になったら、トレード枚数の半分で利食いをします。残り半分はさらなる利益を求め、その時点で一番近くにある週足や日足のトレンドラインや水平線タッチまで保有を続けます。

ただし、利食い目標のトレンドラインや水平線にタッチする前に、エントリーポイントと利食い目標とする水平線やトレンドラインの中間地点付近まで戻ってしまった場合は、残りを利食いします。

損切りは50ｐｉｐｓの含み損になった時点で行います。

基本的に利食いと損切りは2対1の割合になるように考えます。し〜さんは利食い100ｐｉｐｓ、損切り50ｐｉｐｓで考えていますが、相場の状況によってはこの数値を変えることがあります。たとえば、アップダウンの激しい通貨ペアで、トレンドが変わらなくても含み損が50ｐｉｐｓにすぐ達してしまう場合は、利食いを200pips、損切りを100pipsにするなどの調整を行います。

そのほかにも、相場状況をみて、大きな利益を狙いたい場合も利食いや損切りの基準を変えています。

し〜さん

利食いのタイミング

半分は含み益を見て利食いする

半分は含み益１００ｐｉｐｓで利食いし、残り半分は日足や週足で引いた水平線タッチで利食いする。

移動平均線でトレンドを分析し、押し目・戻りを狙ってトレード

01

エニルさんの手法

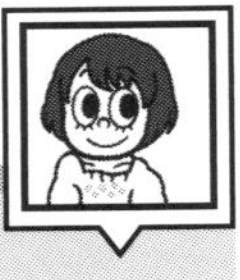

私のトレードのポイント

移動平均線でトレンドを分析し、トレンドが確認できた時間足に応じてポジションの保有時間が変わります。トレードは水平線のラインブレイクとチャートパターンの2つの方法で押し目・戻りを狙います。

エニルさん

移動平均線と水平線などのラインを使う

エニルさんのトレード手法は、移動平均線で相場状況を確認し、水平線やトレンドラインを使ってトレードします。

チャートの設定は以下のようになります。

移動平均線

参照期間「20」「200」

ローソク足

「5分足」「15分足」「30分足」「1時間足」「4時間足」「日足」「週足」「年足」

通貨ペアは米ドル／日本円がメインですが、ユーロ／米ドル、英ポンド／米ドル、ユーロ／日本円、豪ドル／米ドルなども監視しています。

時間足は、1分足以外はすべて確認していますが、実際によく使うのは15分足や1時間足や4時間足、日足です。週足や月足、年足は大きな流れを確認するときに見る程度で、5分足や30分足は15分足では判断が難しいときに利用します。

エニルさん

エニルさんのチャート画面

移動平均線を表示する

参照期間 20 と 200 の移動平均線を表示する。

02

移動平均線の動きからトレンドを把握する

私の相場分析のポイント

1時間足、4時間足、日足の移動平均線の動きを見て相場を分析します。時間足によってトレンドが異なる場合は、上位の時間足を優先して考えてトレードを行います。

エニルさん

上位の時間足を重視してトレンドをみる

トレード前に、1時間足や4時間足、日足で相場の分析を行います。移動平均線の向きを見て、2本の移動平均線が上向きなら買いエントリー、下向きなら売りエントリーを狙います。

トレンドが出ている時間足によって、ポジションの保有期間が異なります。日足でトレンドが出ている場合は長期トレード、4時間足でトレンドが出ている場合はスイングトレード、1時間足でトレンドが出ている場合はデイトレードを狙うことになります。もちろん、トレンドの動きによって、結果的に保有期間が変わってしまうこともありますが、目安として大体これくらいの保有期間になるだろうと考えながらトレードを行います。

また、複数の時間足で異なるトレンドが出ている場合は、上位の時間足を優先します。たとえば、1時間足で下降トレンド、日足で上昇トレンドとなっている場合は、大きな流れは上昇トレンドだと判断して買いエントリーを狙います。また、3つの時間足で同じ方向のトレンドが出ている場合は、信頼性が高い相場状況なので、積極的にトレードを行います。

1時間足や4時間足、日足だけでは移動平均線の傾きが緩やかでトレンドの判断がつきにくい場合は、週足や月足で同じようにしてトレンドを確認します。

移動平均線の動きでトレンドを判断する

トレンドの判断

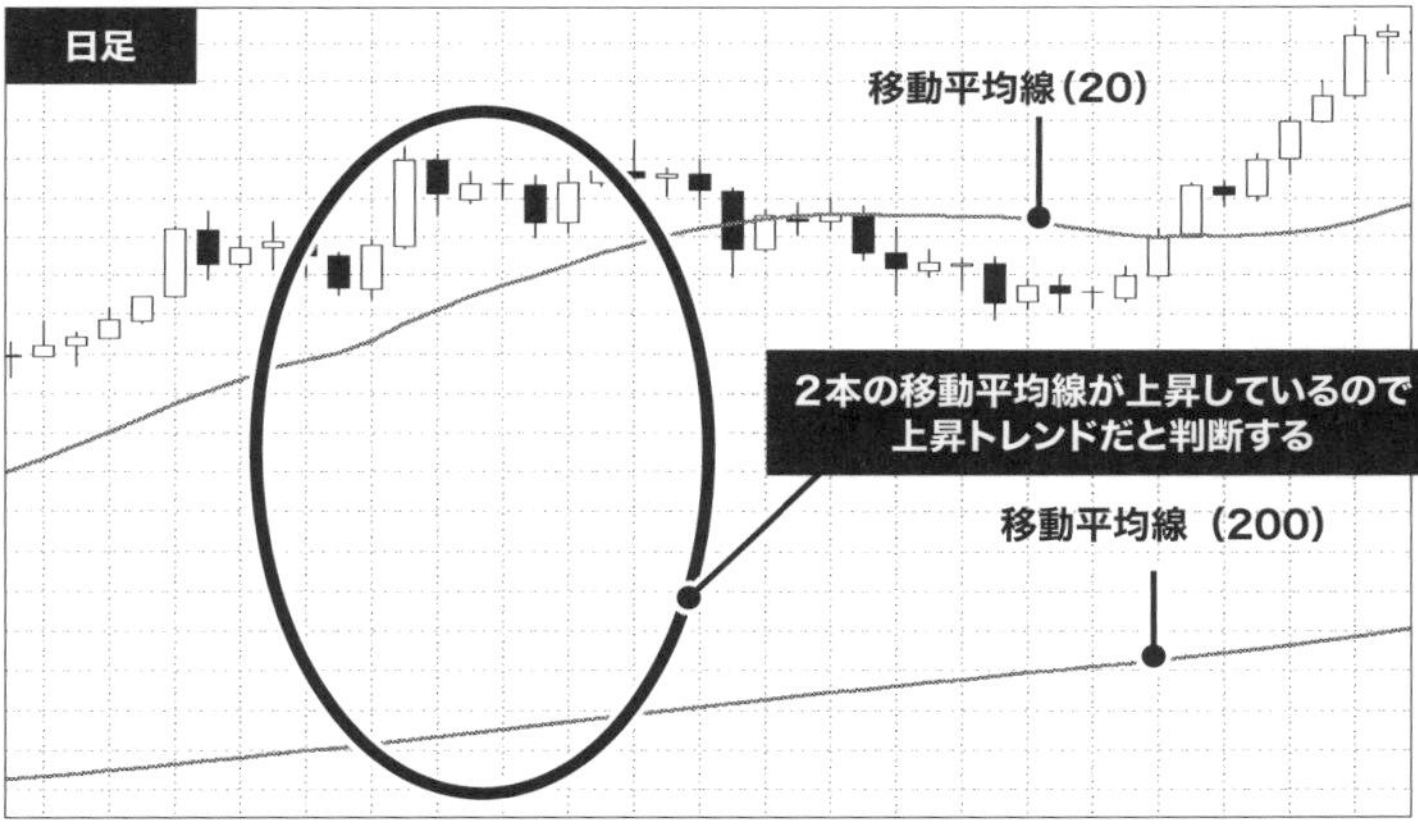

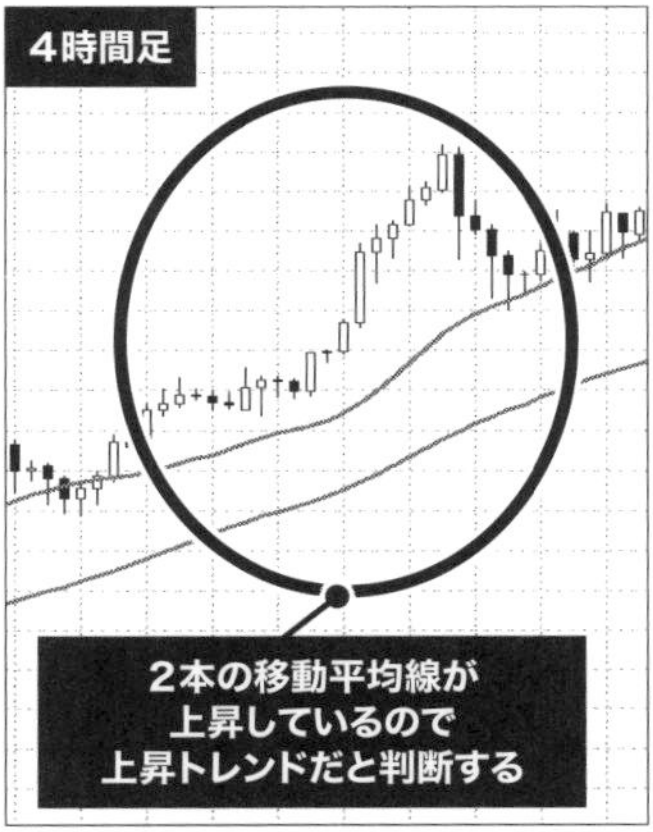

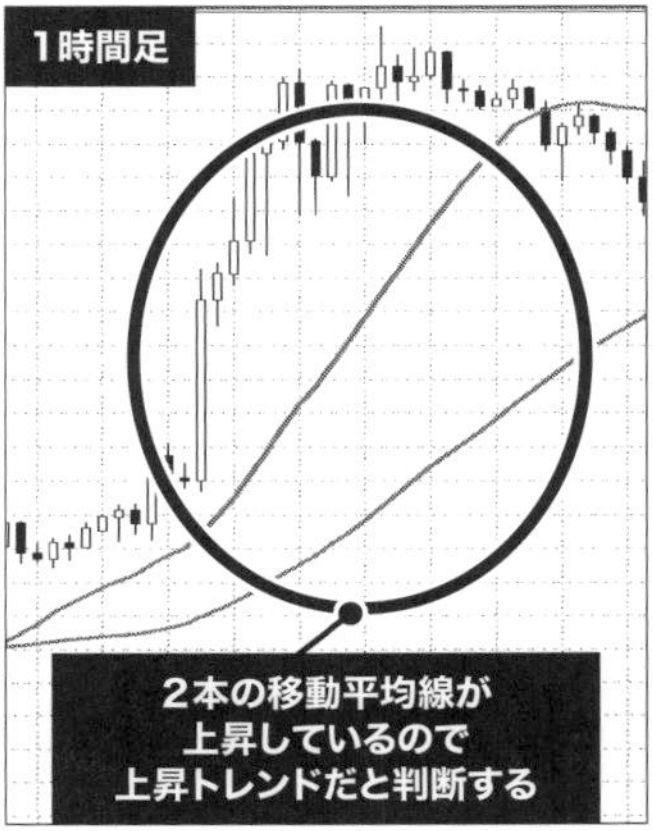

日足、4時間足、1時間足に表示した2本の移動平均線が上昇しているので、信頼性が高い相場だと判断できる。

自然と引けるラインを探す

03

水平線とトレンドラインを引きエントリーポイントを探す

私の相場分析のポイント

いろいろなトレーダーに意識されている水平線やトレンドラインを探します。無理やり探すのではなく、自然と引けるラインを重要視し、ブレイクしているラインは残します。

▼水平線とトレンドラインを引く

トレンドを確認したら、15分足、1時間足、4時間足、日足に水平線やトレンドラインを引きます。

トレンドラインの引き方についてエニルさんは、ヒゲについてはあまり深く考えず引いていきます。水平線やトレンドラインぴったりで動くことはほとんどないので、大体この価格帯が意識されていると考えることが重要です。

水平線やトレンドラインを引くときに注意したいのは、無理やり探すものではないということです。水平線やトレンドラインはいろいろなトレーダーに意識されるから意味があるものです。無理やり水平線やトレンドラインを見つけようとするとだれも意識していない価格にラインを引くことになってしまいます。難しく考えずに、自然と引けるラインを見つけましょう。

また、水平線やトレンドラインはいつかはブレイクされるものです。2～3回反発した後はブレイクされることも多いので、何度も反発しているからといって必ず反発するものではないと考えておきましょう。

一度ブレイクしたラインもその後レジサポ転換で性質が変わることもあります。何度か反発した価格は意識されることが多いので、ブレイクしたからと言って、消してしまわないようにしましょう。

エニルさん

トレンドラインや水平線を引く

ラインはムリに引かない

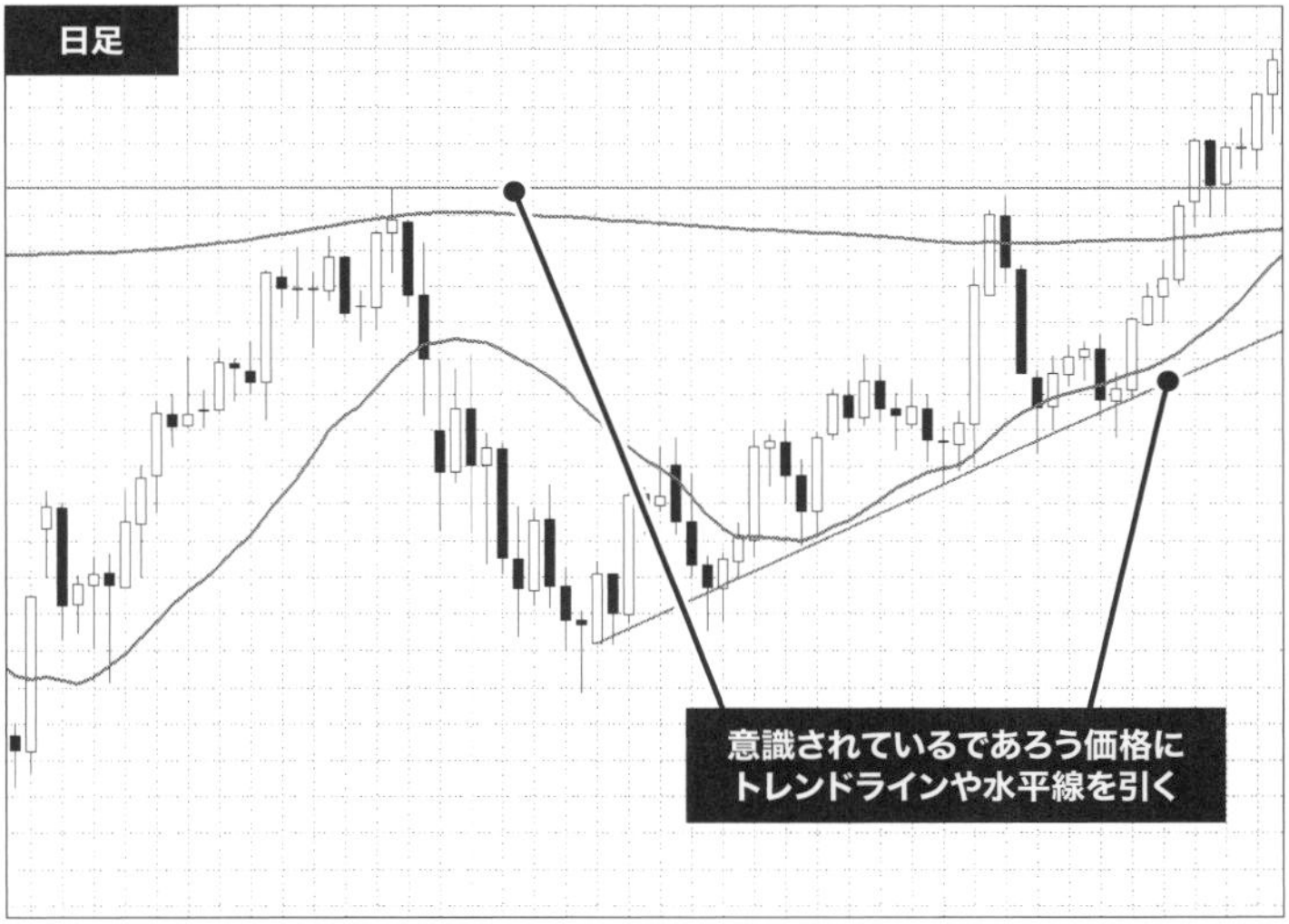

自然と引ける水平線やトレンドラインを引く。

最終的なエントリーの判断は15分足でする

04

ふたつのチャートでブレイクしたらエントリー

私のエントリーのポイント

1時間足や4時間足、日足で水平線やトレンドラインをブレイクし、15分足でも押し目・戻りの形を作りながらトレンドラインや水平線をブレイクしたらエントリーします。

エニルさん

▼ラインブレイクや反発を狙ってエントリー

エニルさんのトレードはトレンドラインや水平線のブレイクや反発を狙います。基本的には1時間足や4時間足、日足といった長期時間足のなかでトレンドが出ている時間足からローソク足がトレンドと同じ方向に水平線やトレンドラインをブレイクしたり、反発したらトレードを考えます。

ただし、これらの足で水平線やトレンドラインをブレイクしたり反発しただけではダマシの可能性もあるので、15分足でエントリーの最終判断を行います。

15分足でのエントリー判断は押し目・戻りの形を作りながらトレンドラインや水平線をブレイクしたときです。つまり、1時間足や4時間足、日足でトレンドラインや水平線をブレイクして、さらに15分足で押し目・戻りの形を作りながらトレンドラインや水平線をブレイクしたらエントリーします。

水平線をブレイクしたかどうかの判断は、15分足の実体が水平線を抜けたらエントリーするのが基本ですが、1時間足、4時間足、日足がすべて同じトレンドを示している場合は、確度が高いものとして、押し目・戻りの形をしていなくても、トレンドラインや水平線をブレイクしたらエントリーします。

どちらにしても、長期時間足でラインブレイク＆15分足でラインブレイクをしたらエントリーというのは変わりません。

売り サイン

下降トレンド中に、長期時間足でラインを下にブレイクしたり反発し、15分足でもラインを下にブレイクしながら戻りの形になったとき

買い サイン

上昇トレンド中に、長期時間足でラインを上にブレイクしたり反発し、15分足でもラインを上にブレイクしながら押し目の形になったとき

エニルさん

エントリータイミング

買いエントリーの場合

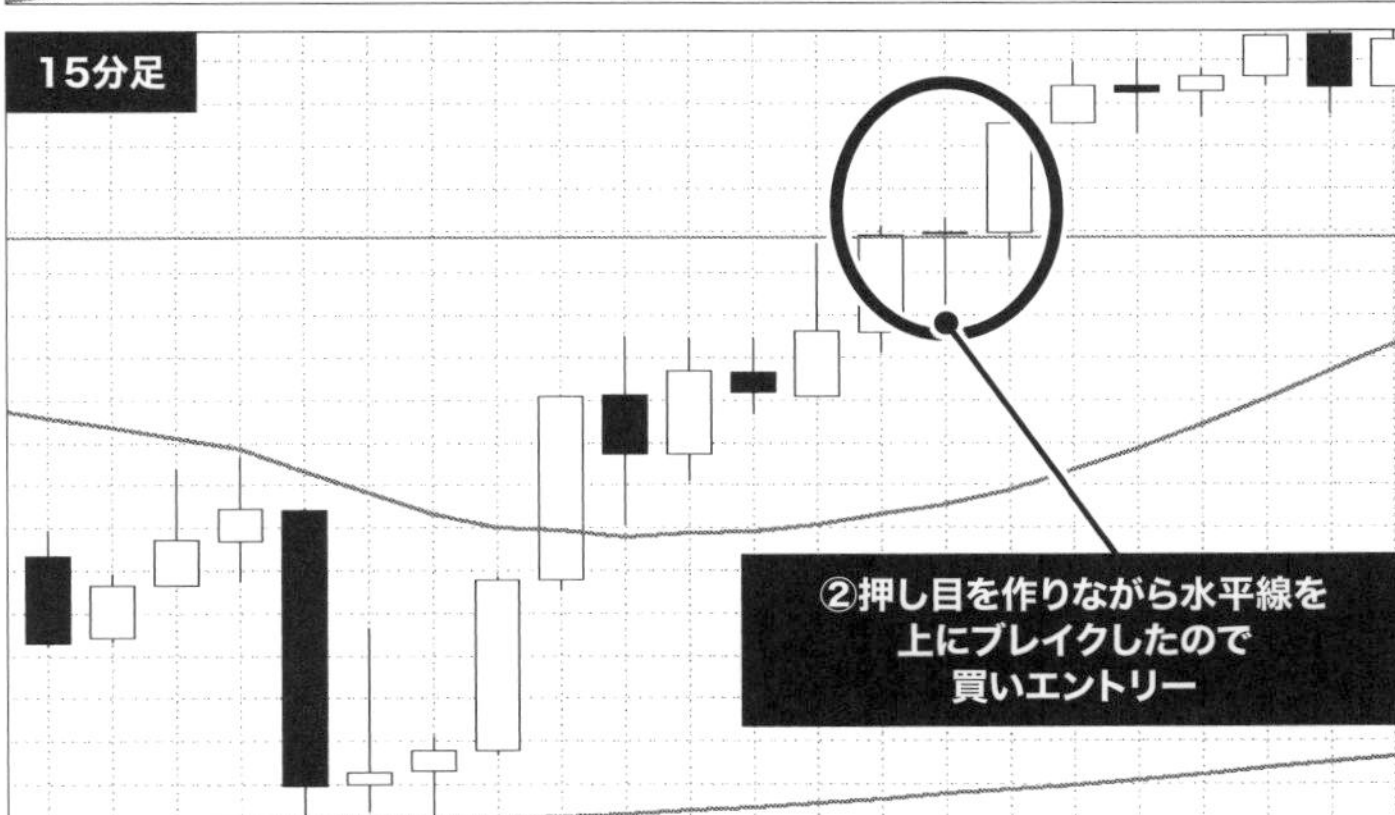

ローソク足が押し目を作りながら水平線を上にブレイクしたので買いエントリー。ただし、日足、４時間足、１時間足で同じ方向のトレンドが出ている場合は、15 分足での押し目・戻りの判断は必要ありません。

チャートパターンでもエントリーを狙う

05

ダブルトップやダブルボトムでエントリー

私のエントリーのポイント

15分足で水平線やトレンドラインが引けない場合はダブルトップやダブルボトムのチャートパターンを狙ってエントリーします。このときの押し目・戻りの形を確認してエントリーします。

エニルさん

▼チャートパターンの形を探してエントリー

長期時間足でトレンドが判断できても、15分足で現在値付近に水平線やトレンドラインが見当たらないときは、チャートパターンでエントリーします。

チャートパターンとは、特定の形をしたチャートで売買タイミングを探るものです。エニルさんはダブルボトム、ダブルトップのチャートパターンでエントリーします。

ダブルボトムというのは、相場の底を示すチャートパターンで、底がふたつあるチャートの形です。価格が大きく下落した後にいったん上昇し、再び前回下落した価格近くまで下落し、上昇に転じたときのチャートの形で、アルファベットの「W」のような形のチャートです。こちらは買いエントリーのサインになります。

ダブルトップは、ダブルボトムと逆の形で、価格が大きく上昇したあとにいったん下落し、再び前回上昇した価格近くまで上昇し、下落に転じたときのチャートの形です。こちらは売りエントリーのサインになります。

チャートパターンでエントリーするときも押し目・戻りで売買します。たとえば、ダブルボトムでネックラインを抜けたら買いエントリーするのではなく、いったん押し目を作ったのを確認してから買いエントリーをします。ダブルトップも同様に戻りを作ったのを確認したのちに売りエントリーをします。

エニルさん

チャートパターンでエントリー

ダブルトップでエントリー

意識されているラインを超えたらすぐにエントリーするのではなく、押し目・戻りを確認してからエントリーする。

損切りを考えてから利食いをどこでするかを考える

06

水平線やトレンドラインでイグジットを考える

私のイグジットのポイント

どこで損切りをするのかを先に考え、そこから利食いを考えます。利食いは二分割にして考え、半分は損切りと同じｐｉｐｓ数、残りは損切りの2倍のｐｉｐｓで考えます。

▼損切りをどこでするのかを最初に考える

イグジットはまず損切りをどこでするのかを考えていきます。

基本的には、トレードに使用したラインの近くにあるトレンドラインや水平線で損切りを考えます。たとえば、日足に引いた水平線を上にブレイクしたことで買いエントリーした場合は、エントリーに使った水平線よりもひとつ下にあるトレンドラインや水平線での損切りを考えます。

次に利食いについて考えます。エニルさんの利食いは分割して行います。エントリー枚数を2分割にして考え、半分は損切りまでと同じｐｉｐｓ数、残り半分は損切りの2倍になるｐｉｐｓで行います。

たとえば、損切りが100ｐｉｐｓと予想できる場合は、含み益が100ｐｉｐｓで半分を利食い、含み益が200ｐｉｐｓになったら残りを利食いします。基本的には、損切りより利食いが大きくなるようにイグジットを考えることが大切です。

また、160ページのように、エントリーに使った水平線をトレンドラインが抜けた場合は、このトレンドラインをローソク足が完全に抜けたら利食いをします。

ブレイクしたかどうかの判断はローソク足の実体がトレンドラインを抜けたらブレイクしたと判断します。

エニルさん

利食いのタイミング

トレンドラインのブレイクで利食いする場合もある

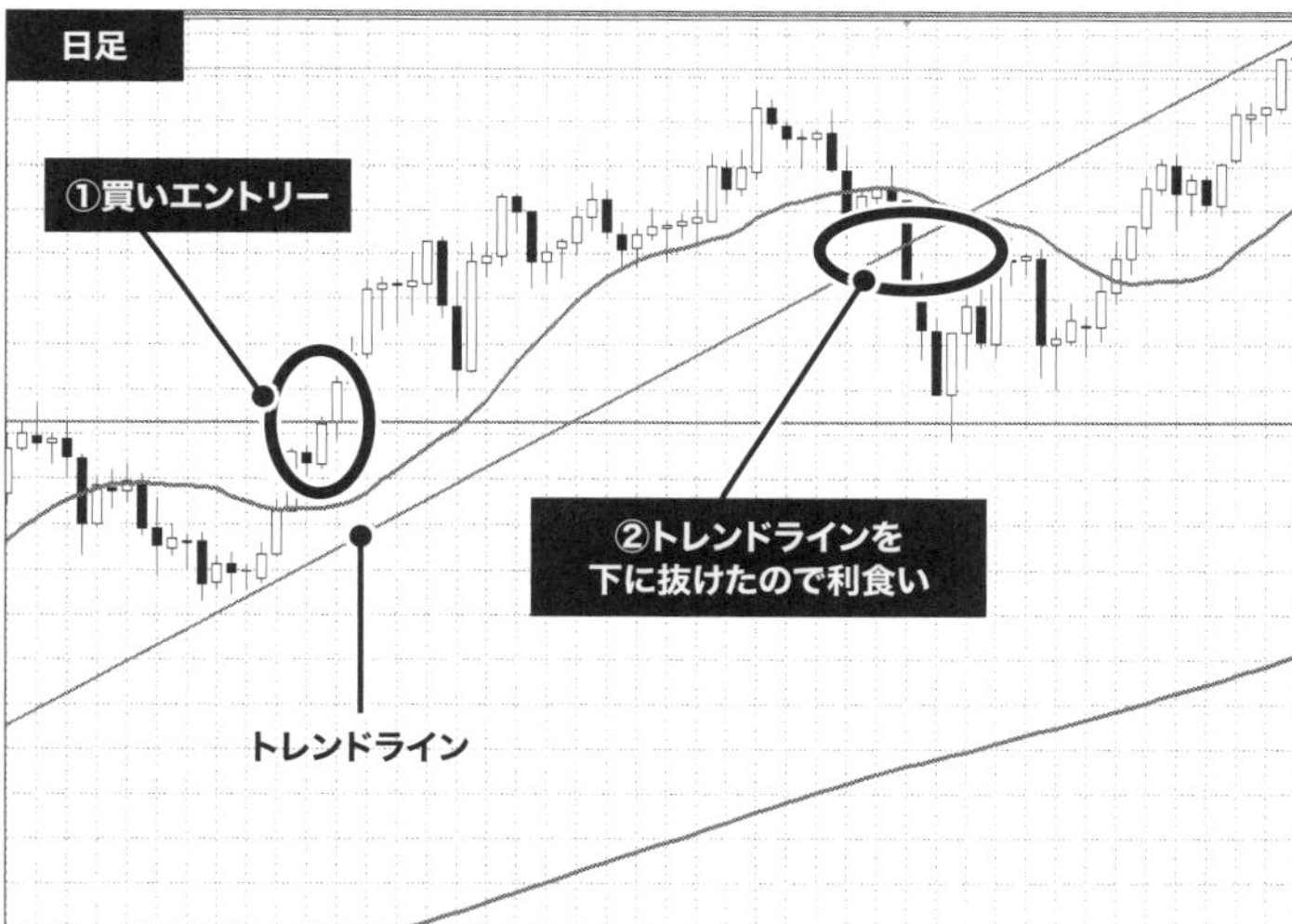

エントリー後、水平線を上に抜けたトレンドラインをローソク足が下に抜けたら利食いをする。

移動平均線でトレンドを分析し、雲を使ってトレード

01

つかささんの手法

私のトレードのポイント

2本の移動平均線でトレンドを分析し、雲とローソク足の動きを見てエントリーを行います。数日程度のスイングトレードになることもあれば、数か月単位の長期トレードになることもあります。

つかささん

2本の移動平均線でトレンドを、雲で売買タイミングを計る

つかささんの投資手法は、2本の移動平均線でトレンドを確認し、そのトレンドに合わせて、雲とローソク足の位置関係で売買タイミングを計ります。

ポジションの保有期間は状況によって異なり、数日で終わることもあれば、数か月にわたって保有し続けることもあります。

使用するテクニカル指標の設定は次のようになります。

移動平均線
参照期間「20」「200」

一目均衡表
転換線「9」
基準線「26」
先行スパンB「52」

ローソク足

「30分足」「4時間足」「日足」

基本的に、日足や4時間足の長期トレンドをつかんで、30分足でトレードを行います。また、通貨ペアは米ドル／日本円をメインにして、売買サインが出ていればユーロ／日本円や英ポンド／日本円などでも枚数を抑えてトレードをします。

つかさん

つかさんのチャート画面

移動平均線と雲を表示する

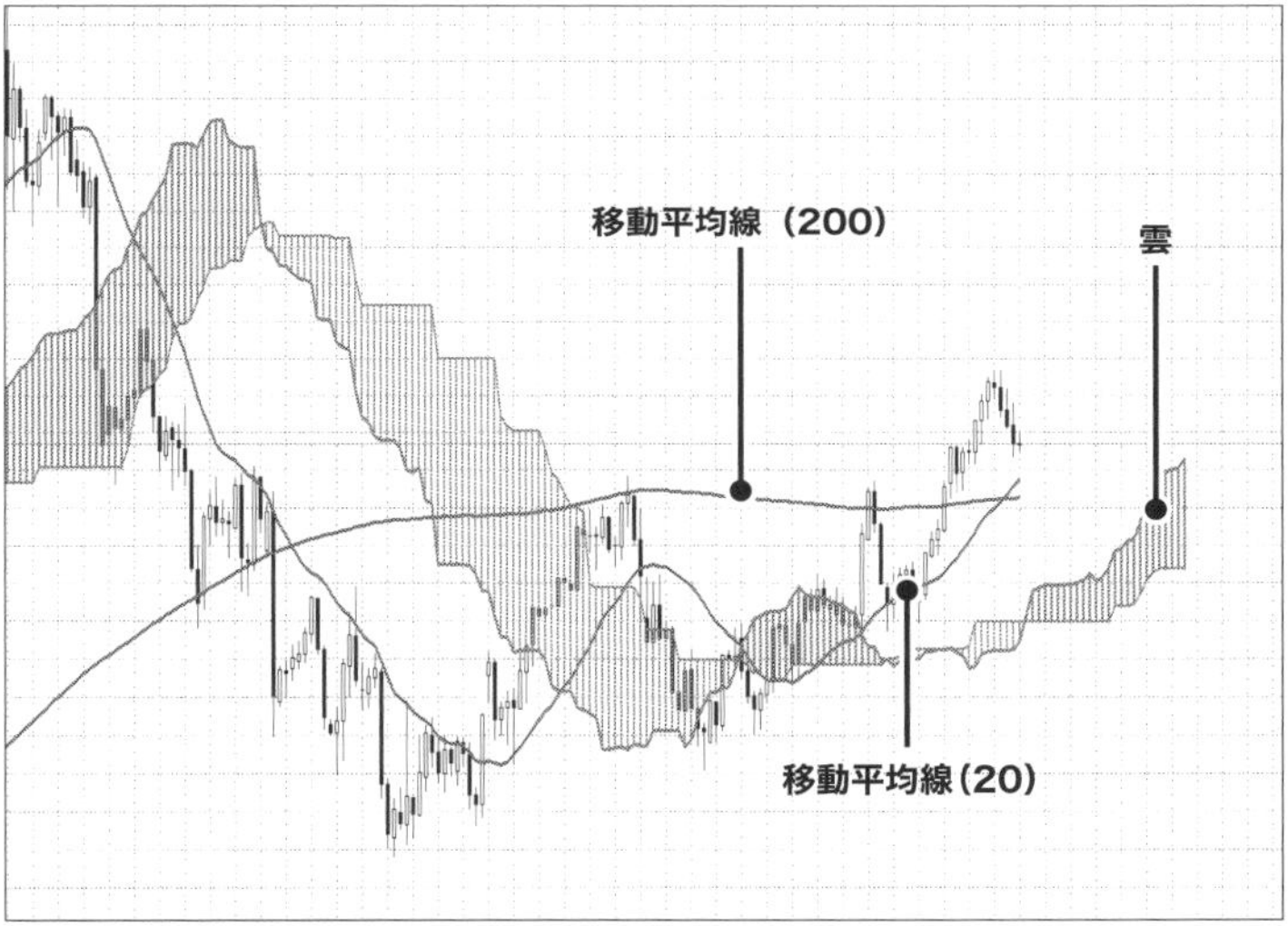

参照期間 20 と 200 の移動平均線と雲を表示する。

2本の移動平均線の動きでトレンドを確認

02

ふたつの時間足でトレンドを確認する

私の相場分析のポイント

4時間足と日足の移動平均線の動きを見て相場を分析します。両方もしくはどちらか片方で強いトレンドが出ており、同じ方向を向いている場合のみトレードを行います。

▼長期移動平均線と短期移動平均線でトレンドを確認

エントリー前に長期移動平均線と短期移動平均線で、日足や4時間足でトレンドの方向を次のようにして確認します。

①短期移動平均線が長期移動平均線の上にあり、2本の移動平均線が上昇していれば「強い上昇トレンド」
②短期移動平均線が長期移動平均線の上にあり、2本の移動平均線の傾きが弱いときは「弱い上昇トレンド」
③短期移動平均線が長期移動平均線の下にあり、2本の移動平均線が下降していれば「強い下降トレンド」
④短期移動平均線が長期移動平均線の下にあり、2本の移動平均線の傾きが弱いときは「弱い下降トレンド」

基本的にトレードをするのは日足か4時間足の両方で同じ方向に強いトレンド

が出ているときか、片方が強いトレンドでもう片方が弱いトレンドが出ているときです。どちらか片方で異なる方向のトレンドが出ている場合や、両方とも弱いトレンドのときはトレードしません。まとめると以下のようになります。

・日足と4時間足がともに①のときは買いエントリーを狙う
・日足と4時間足がともに③のときは売りエントリーを狙う
・日足が①、4時間足が②またはその逆のときは買いエントリーを狙う
・日足が③、4時間足が④またはその逆のときは売りエントリーを狙う

つかさ台ん

移動平均線の動きでトレンドを判断する

トレンドは日足と4時間足で確認して判断

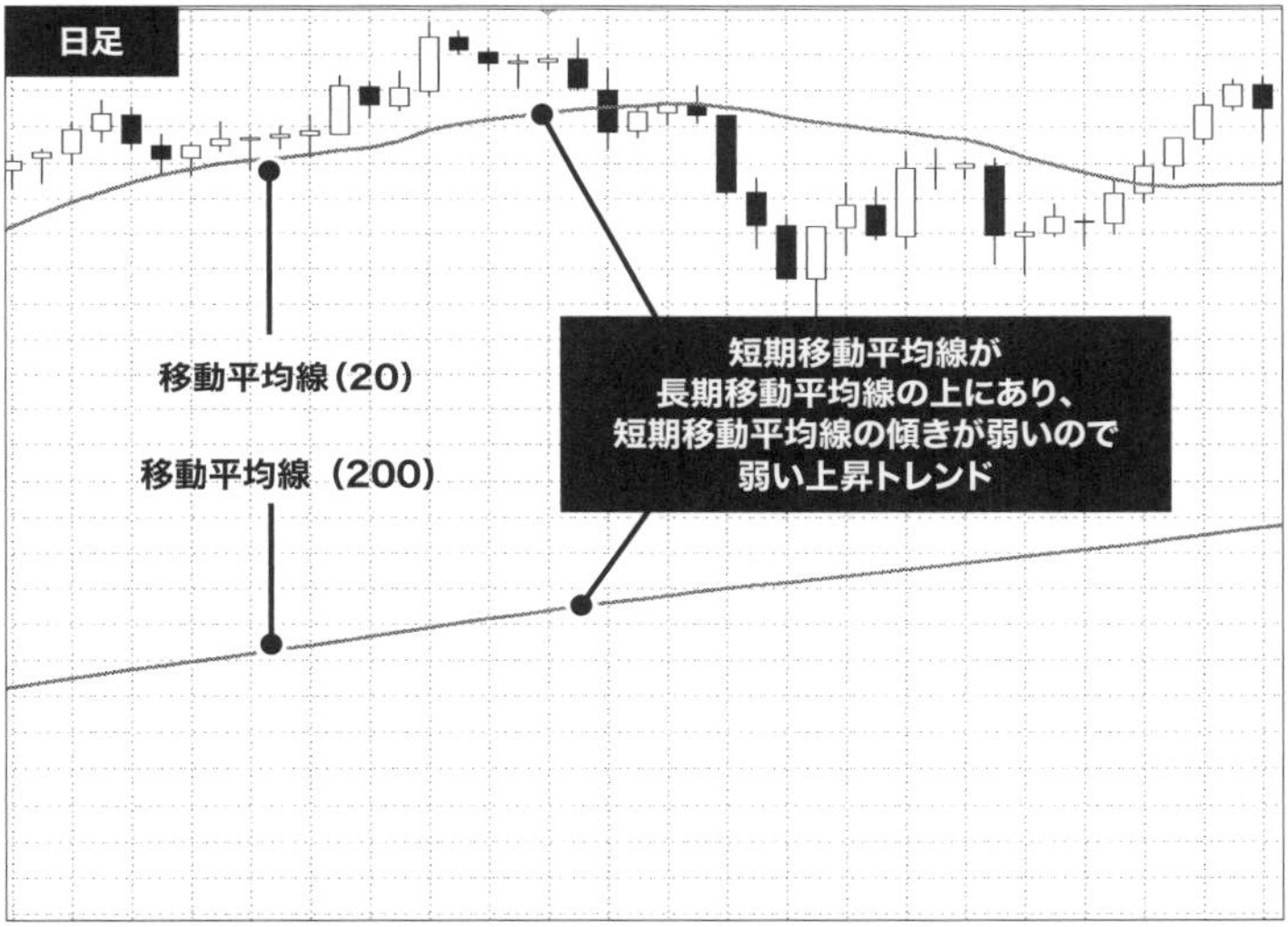

短期移動平均線が長期移動平均線の上にあり、移動平均線の傾きが弱いので弱い上昇トレンドと判断する。同様に4時間足も確認する。

エントリー判断は30分足で行う

03

押し目・戻りの形になりながら雲を突き抜けたらエントリー

私のエントリーのポイント

30分足でもトレンドを確認し、4時間足や日足と同じ方向を向いていれば、エントリーを狙います。エントリータイミングは雲を突き抜けながら押し目・戻りの形を作ったときです。

つかさ준ん

ローソク足が雲を突き抜けたらエントリー

エントリー前に、30分足でもトレンドの方向を雲とローソク足の位置関係で確認します。

①ローソク足が雲の上で推移していれば「上昇トレンド」
②ローソク足が雲の中にあり、雲が上昇していれば「上昇トレンド」
③ローソク足が雲の下で推移していれば「下降トレンド」
④ローソク足が雲の中にあり、雲が下降していれば「下降トレンド」

171ページで紹介した日足や4時間足のトレンドの方向と同じであればエントリーを狙います。

具体的なエントリータイミングは、ふたつあります。

ひとつ目はローソク足が雲で跳ね返った後に押し目・戻りを作ったときです。

①の場合は、ローソク足が雲で跳ね返ったあとに押し目を作ったら買いエント

リー、③の場合はローソク足が雲で跳ね返ったあとに戻りを作ったら売りエントリーになります。
ふたつ目はローソク足が雲を突き抜けた後に押し目・戻りを作ったときです。
②の時は、ローソク足が雲を上に突き抜けたあとに押し目を作ったら買いエントリー。④のときは、ローソク足が雲を下に突き抜けたあとに戻りを作ったら売りエントリーします。
どちらの場合でも押し目・戻りを確認してからエントリーを行うことが重要です。

売りサイン

下降トレンド中に、ローソク足が雲で下に跳ね返るか、雲を下に突き抜け戻りの形になったとき

買いサイン

上昇トレンド中に、ローソク足が雲で上に跳ね返るか、雲を上に突き抜け押し目の形になったとき

つかさrange

雲で押し目を作ったらエントリー

買いエントリーの場合

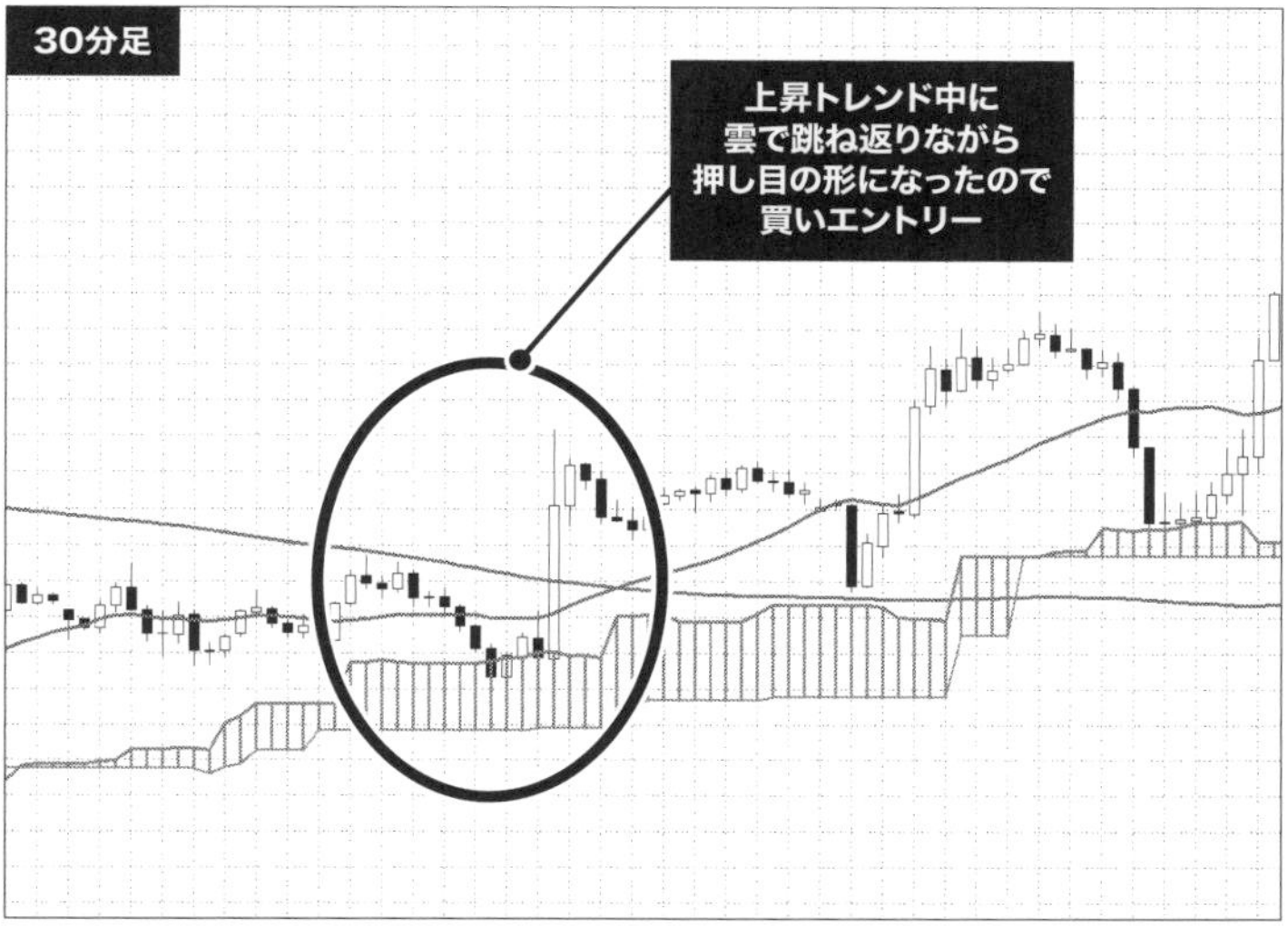

雲での反発と押し目を確認したらエントリーする。

イグジット判断は4時間足か日足で行う

04

雲まで戻ったらイグジット

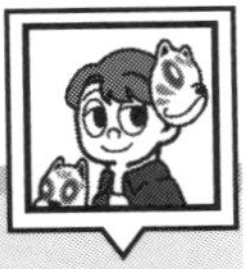

私のイグジットのポイント

強いトレンドが出ている時間足でローソク足が雲を突き抜けるか、直近高値や安値の水平線で跳ね返ったら含み損と含み益に関わらずイグジットします。

つかささん

▼ローソク足が雲の中に入ったらイグジット

イグジットのタイミングは日足か4時間足で判断します。171ページの方法でトレンドを判断したとき、強いトレンドが出ている方の時間足でイグジットタイミングを計ります。両方とも強いトレンドの場合は、日足を優先します。

イグジットを判断するパターンはふたつあります。

ひとつ目はローソク足が雲を突き抜けたときです。

買い（売り）の場合はローソク足が下（上）にある雲を突き抜けたら含み益でも含み損でもイグジットをします。雲は強力な抵抗帯や支持帯として機能します。そのため、ローソク足が雲を突き抜けた場合は、大きく反発する可能性があります。また、ある程度含み益がある場合は、ローソク足が7本以上雲の中で推移しているときはいったん利食いすることもあります。利食いするかしないかの判断は相場状況やファンダメンタルズの状況にもよるので一概には言えませんが、200〜300pips程度の含み益がある場合に雲の中でローソク足が停滞したら利食いしてしまうのもいいでしょう。

ふたつ目は高値や安値に引いた水平線でローソク足が跳ね返ったときです。買いの場合は直近高値に、売りの場合は直近安値に水平線を引き、ここでローソク足が反発した場合はトレンド転換を考えイグジットします。

ただし左ページの下チャートのように水平線で下がったあとに押し目を作って上昇する場合もあります。この場合は、水平線を抜けたあとに押し目を作ったら再びエントリーします。

水平線は直近高値や安値に引きますが、2022年10月のように大きく価格が上昇して数十年ぶりの高値を記録している場合は、数十年以上チャートをさかのぼって水平線を引きます。

イグジットのタイミング

雲を突き抜けたらイグジット

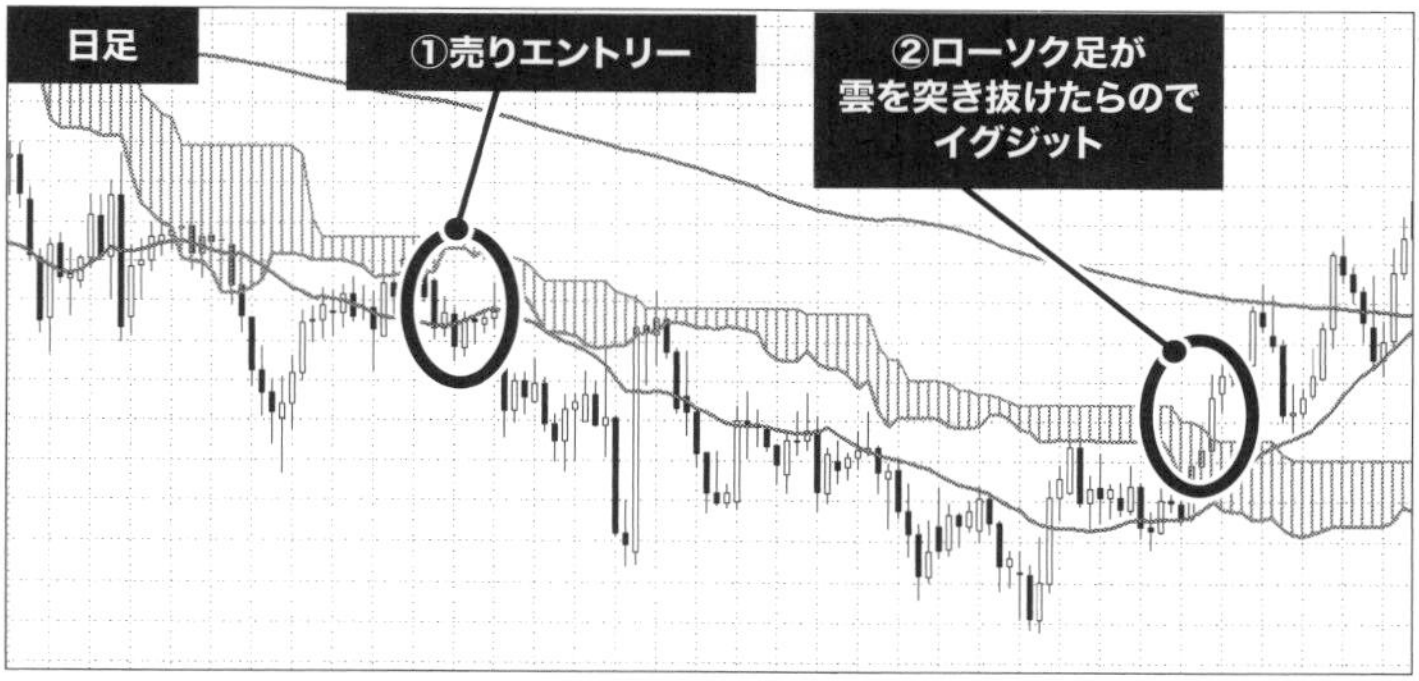

ローソク足が雲を上に突き抜けたので、トレンド終了と判断してイグジットする。

水平線反発でイグジット

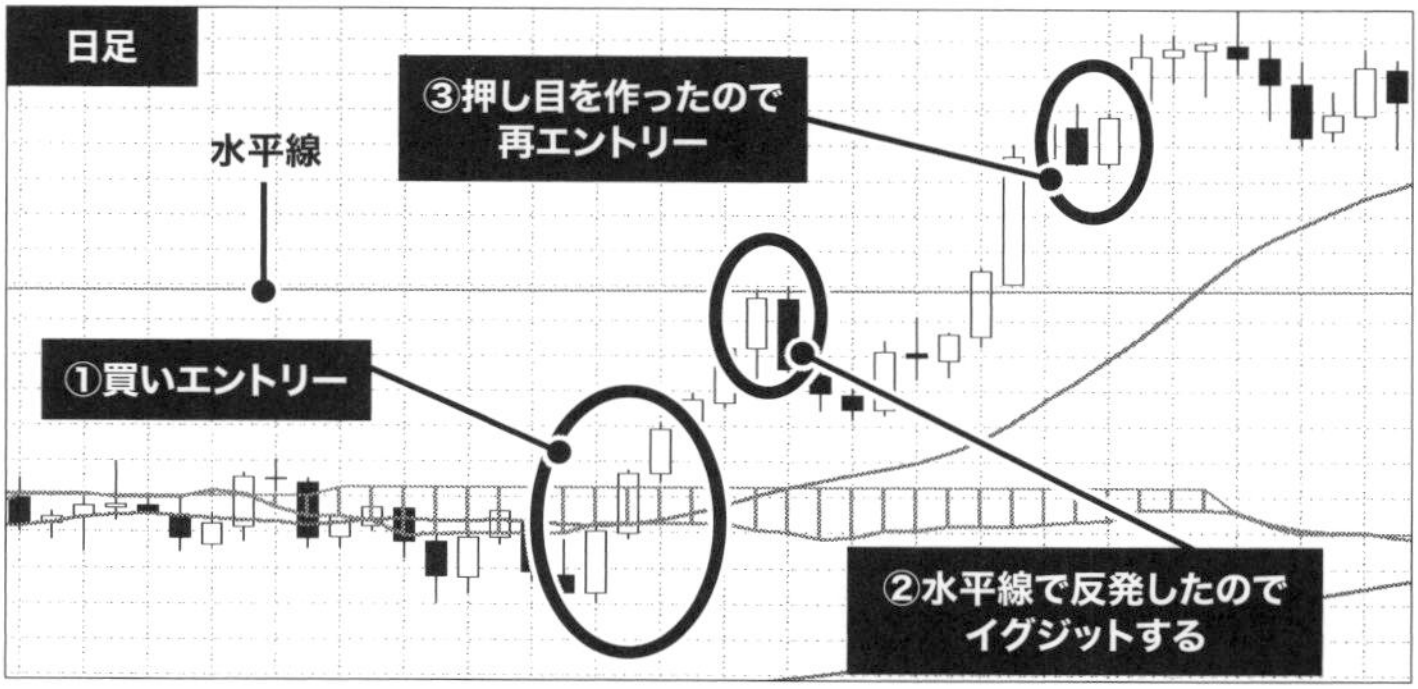

水平線で反発したタイミングでイグジットし、再度押し目を作ったら再エントリーする。

ボリンジャーバンドと移動平均線を使ったトレード手法

01

みくのすけさんの手法

私のトレードのポイント

ボリンジャーバンドと移動平均線を使ったトレード手法です。各チャートの移動平均線の動きからトレンドを確認し、ボリンジャーバンドのσラインの動きを見ながら押し目・戻りを狙ってトレードをします。

▼移動平均線とボリンジャーバンドを使う

みくのすけさんの投資手法は、移動平均線とボリンジャーバンドの動きを見てトレードをします。ポジションの保有期間は状況によって異なり、長いときは数カ月にわたって保有し続けることもあります。

使用するテクニカル指標の設定は次のようになります。

ボリンジャーバンド
参照期間「20」
σライン「±1σ」「±2σ」「±3σ」

移動平均線
参照期間「200」

ローソク足
「15分足」「4時間足」「日足」「週足」「月足」

トレードする通貨ペアは米ドル／日本円やユーロ／日本円、英ポンド／日本円がメインです。

また、詳しくは186ページ以降で解説しますが、「週足」や「月足」のチャートはトレンドを確認するために使い、トレード判断は「日足」か「4時間足」、細かなエントリー判断は「15分足」で行います。

みくのすけさん

みくのすけさんのチャート画面

移動平均線とボリンジャーバンドを表示する

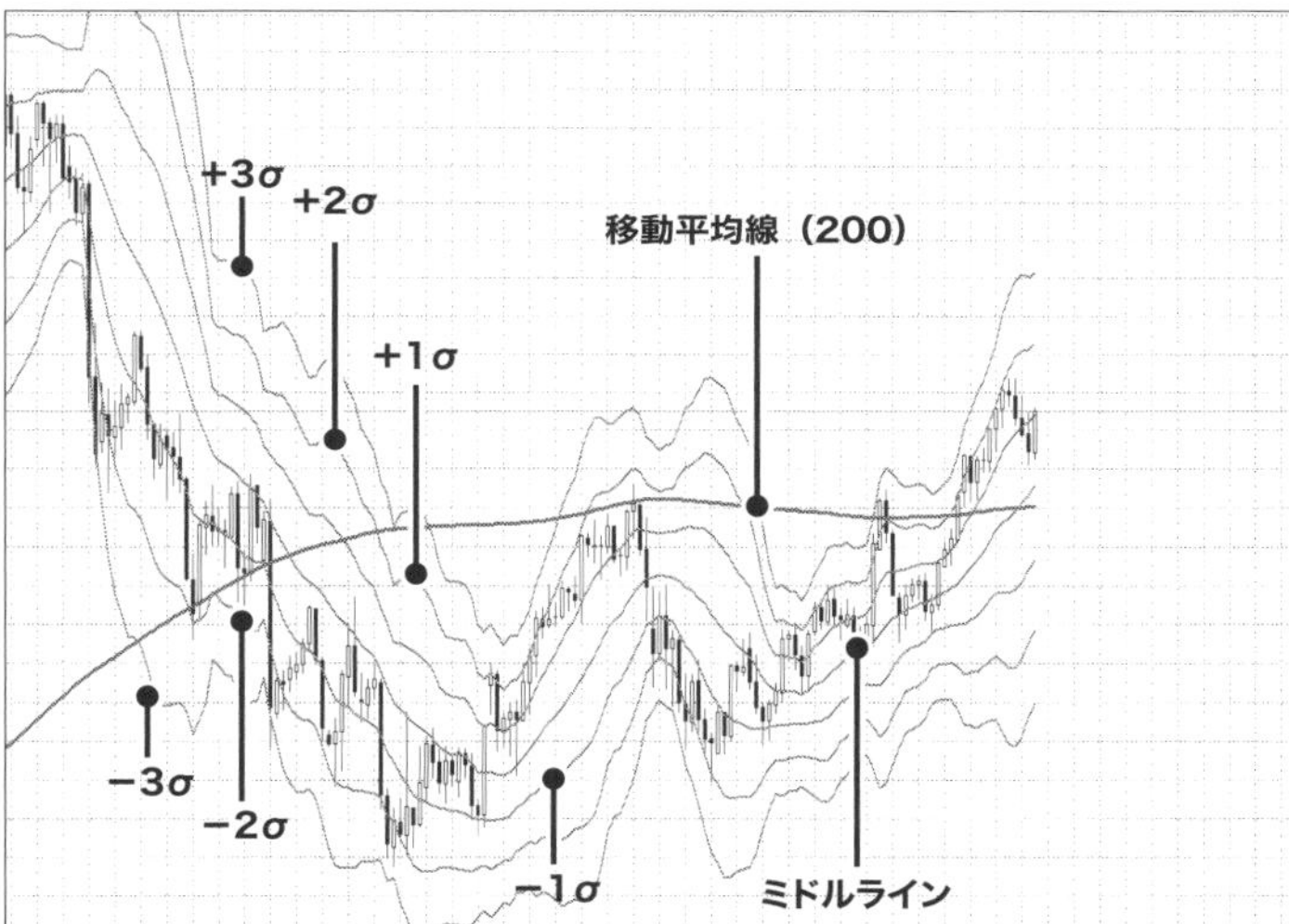

移動平均線とボリンジャーバンドを表示する。

長期移動平均線の動きでトレンドを確認する

02

4つの時間足でトレンドを確認する

私の相場分析のポイント

月足、週足、日足、４時間足の移動平均線の動きからトレンドを確認し、トレードするかどうかの判断をします。それぞれの時間足でトレンドが異なる場合は、トレードできる相場かどうかを考えます。

▼長期移動平均線と短期移動平均線でトレンドを確認

エントリー前に、トレンドの状況を確認します。「月足」、「週足」、「日足」、「4時間足」に参照期間200の移動平均線を表示し、トレンドを次のようにして確認します。

①移動平均線が上昇していれば「上昇トレンド」
②移動平均線が下降していれば「下降トレンド」
③移動平均線の向きがはっきりしないときは「トレンドがない」

すべての時間足でトレンドを確認し、総合的に現在のトレンド状況を判断します。たとえば、すべての足の移動平均線が上向きであれば強力な上昇トレンドが発生していると判断します。

それぞれの時間足でトレンドが異なる場合は、どのような状況なのかを考えます。たとえば、週足と日足が上昇トレンドで4時間足が下降トレンドの場合は、全体的には上昇トレンドだが、一時的に下降トレンドが発生していると考えられます。

基本的には、日足か4時間足でトレンドが出ていればトレードを行います。ただし、日足でトレンドが出ていても週足とトレンドが異なる場合や、4時間足でトレンドが出ていても日足とトレンドが異なる場合はトレードをしません。

また、すべてのチャートが同じ方向のトレンドを示している場合は、信頼性が高いので、積極的にトレードを行っていきます。

相場状況を確認する

移動平均線でトレンドを判断する

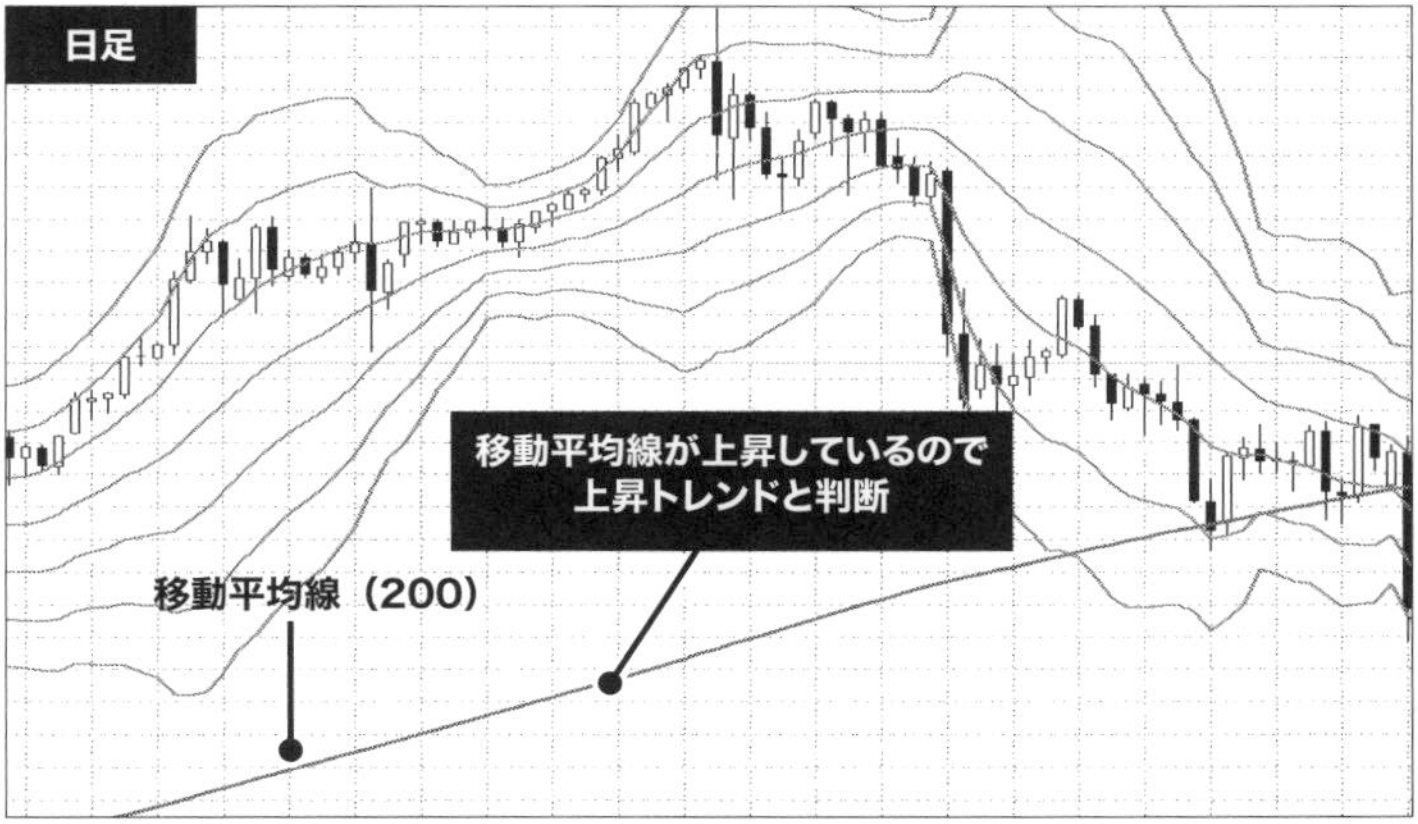

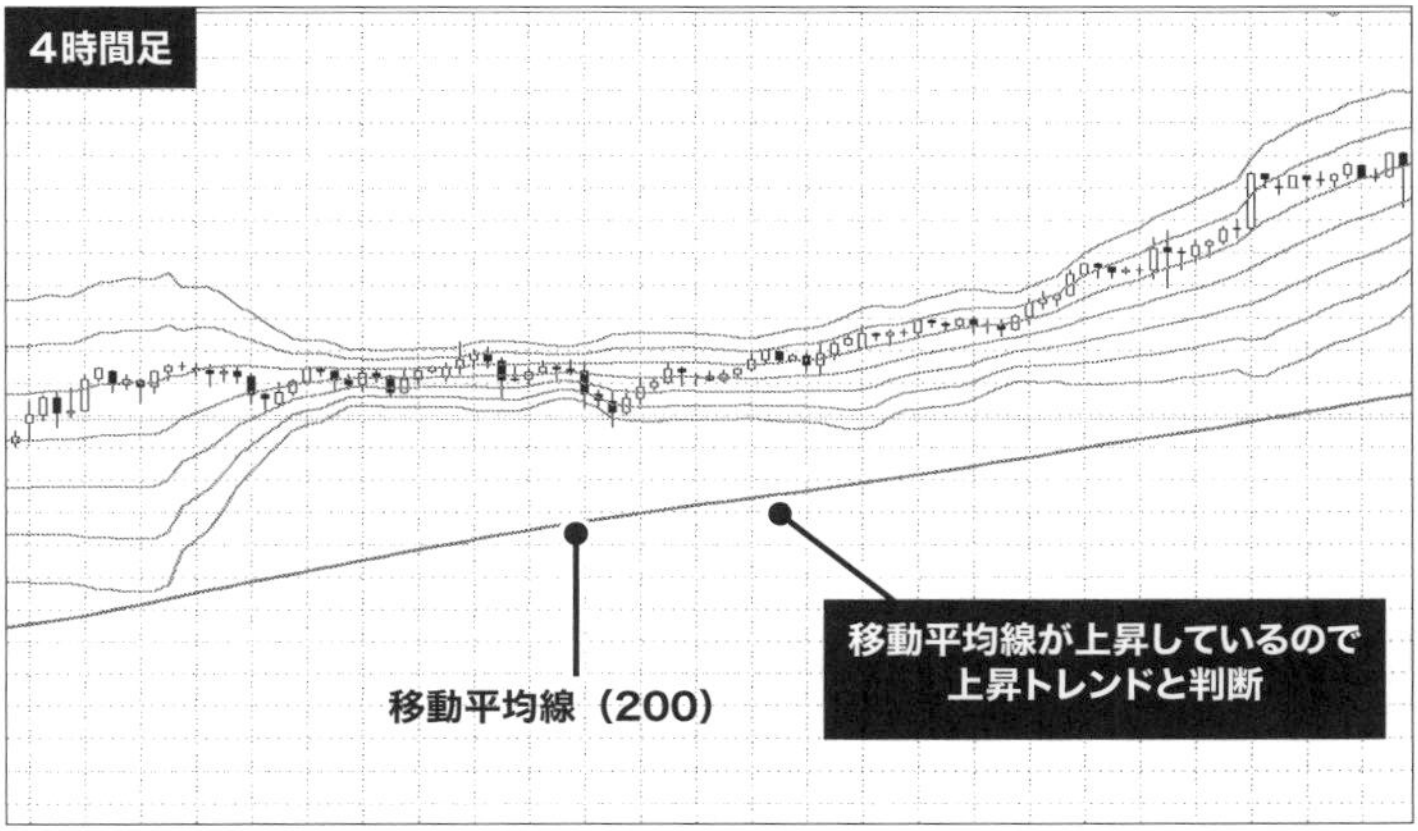

移動平均線が上昇しているので、上昇トレンドだと判断。

エクスパンションが発生したらトレードのチャンス

03

日足と4時間足→15分足でエントリータイミングを探る

私のエントリーのポイント

日足や4時間足でエクスパンションを確認後、ローソク足がミドルラインを突き抜けたらエントリーのチャンスです。15分足で水平線やトレンドラインを突き抜け、押し目・戻りの形になったらエントリーします。

みくのすけさん

▼エクスパンションがエントリーのサイン

トレンドを確認し、トレードに適した相場の場合、日足や4時間足のボリンジャーバンドの動きを確認します。σラインが広がり始めるエクスパンションが発生していれば、エントリーの準備をします。

エントリーのタイミングは　エクスパンションが発生している状態でローソク足がミドルラインを抜けたタイミングです。ローソク足がミドルラインを上に抜けたら買いエントリー、ローソク足がミドルラインを下に抜けたら売りエントリーのチャンスです。

エントリーするときは、15分足を確認し、高値・安値に水平線を引いたり、トレンドラインを引き、そのラインをブレイクしながら押し目・戻りの形になったらエントリーします。

また、エクスパンション発生時にすでにローソク足がミドルラインを抜けている場合、エクスパンション直前でミドルラインを抜けていれば、±1σにタッチしたタイミングで15分足でサインが出ていればエントリーします。

また、トレンドの状況によってトレードする枚数の調整を行います。すべてのチャートで同じ方向のトレンドであれば枚数は多めにし、不一致の場合は枚数を抑えめにします。

売りサイン

下降トレンド中に、４時間足か日足でエクスパンションが発生し、ローソク足がミドルラインを下に抜け、15分足で水平線かトレンドラインで戻りが発生したとき

買いサイン

下降トレンド中に、４時間足か日足でエクスパンションが発生し、ローソク足がミドルラインを上に抜け、15分足で水平線かトレンドラインで押し目が発生したとき

エクスパンションが発生したらエントリー

買いエントリーの場合

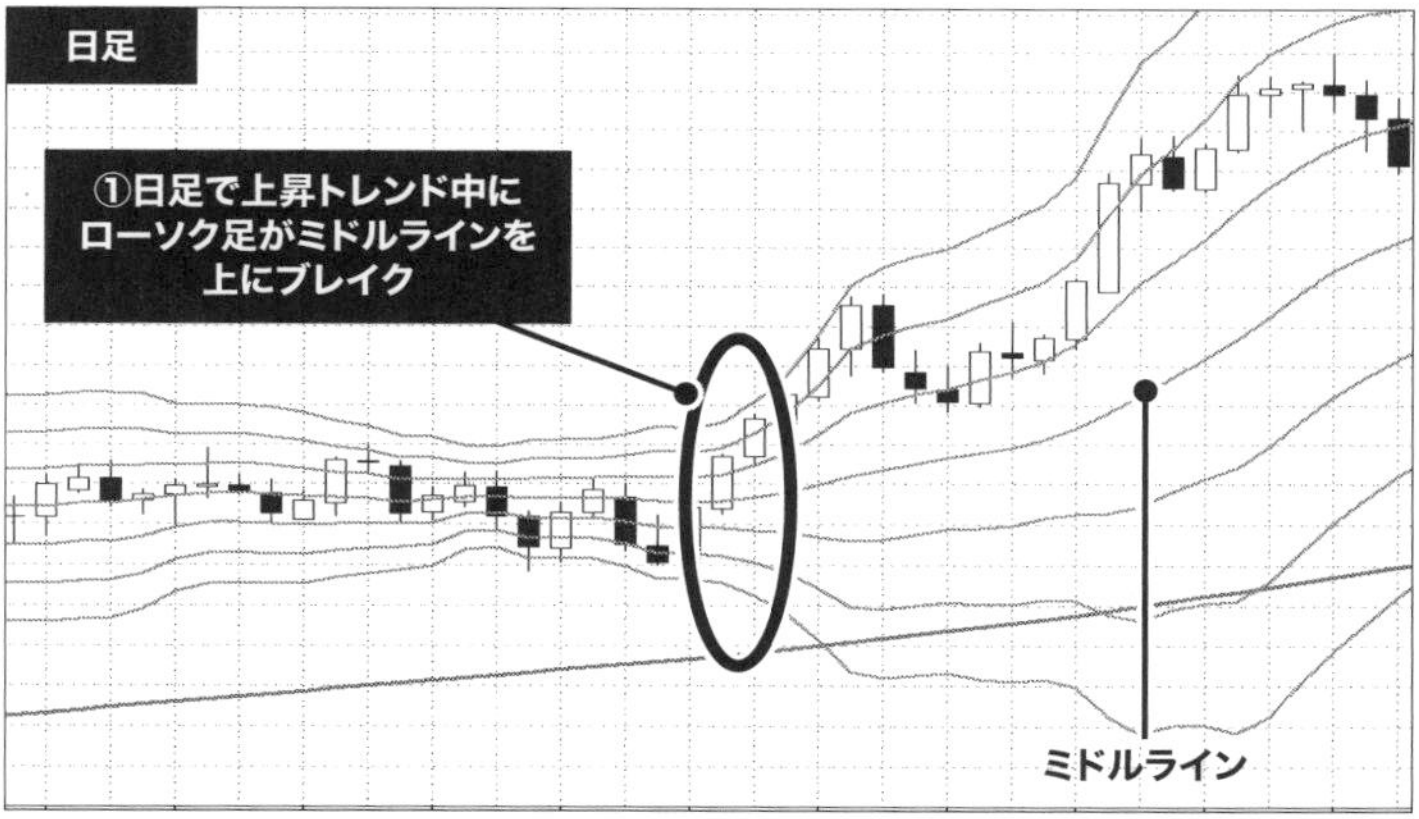

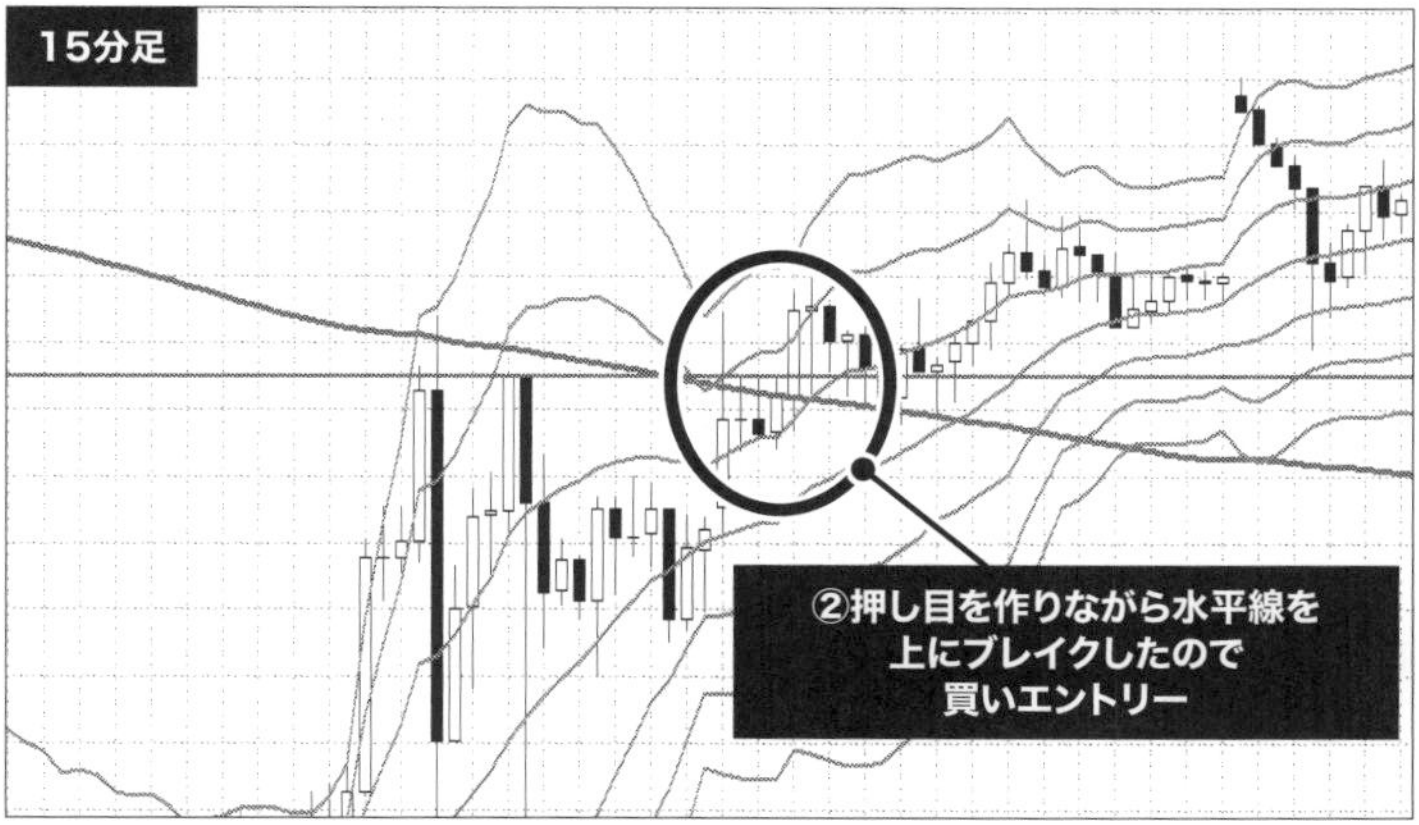

日足でローソク足がミドルラインを上にブレイクし、15 分足で押し目を作りながら水平線を上にブレイクしたので買いエントリー。

04

ローソク足の動きに注目してイグジット判断をする

私のイグジットのポイント

スクイーズが発生するかローソク足が反転したらイグジットします。どちらもダマシの可能性もあるので、ローソク足の動きやσラインの動きに注目して最終的なイグジット判断をします。

みくのすけさん

▼イグジットするふたつのタイミング

イグジットするタイミングは4時間足や日足を見て行います。

イグジットタイミングはふたつあります。

ひとつめは広がったσラインが狭まるスクイーズが発生したタイミングです。ただσラインが収縮したらスクイーズと判断するのではなく、次の条件を満たしたらスクイーズが発生したと判断します。

①σラインが収縮している
②ローソク足が押し目・戻りの形になっている

σラインの動きだけだとダマシの可能性もあります。買い（売り）エントリーをした場合はローソク足が戻り（押し目）の形になったら、トレンドが変わったと判断してイグジットするわけです。

ふたつめはローソク足がもみ合ったときです。

イグジットのタイミング①

スクイーズが発生したらイグジット

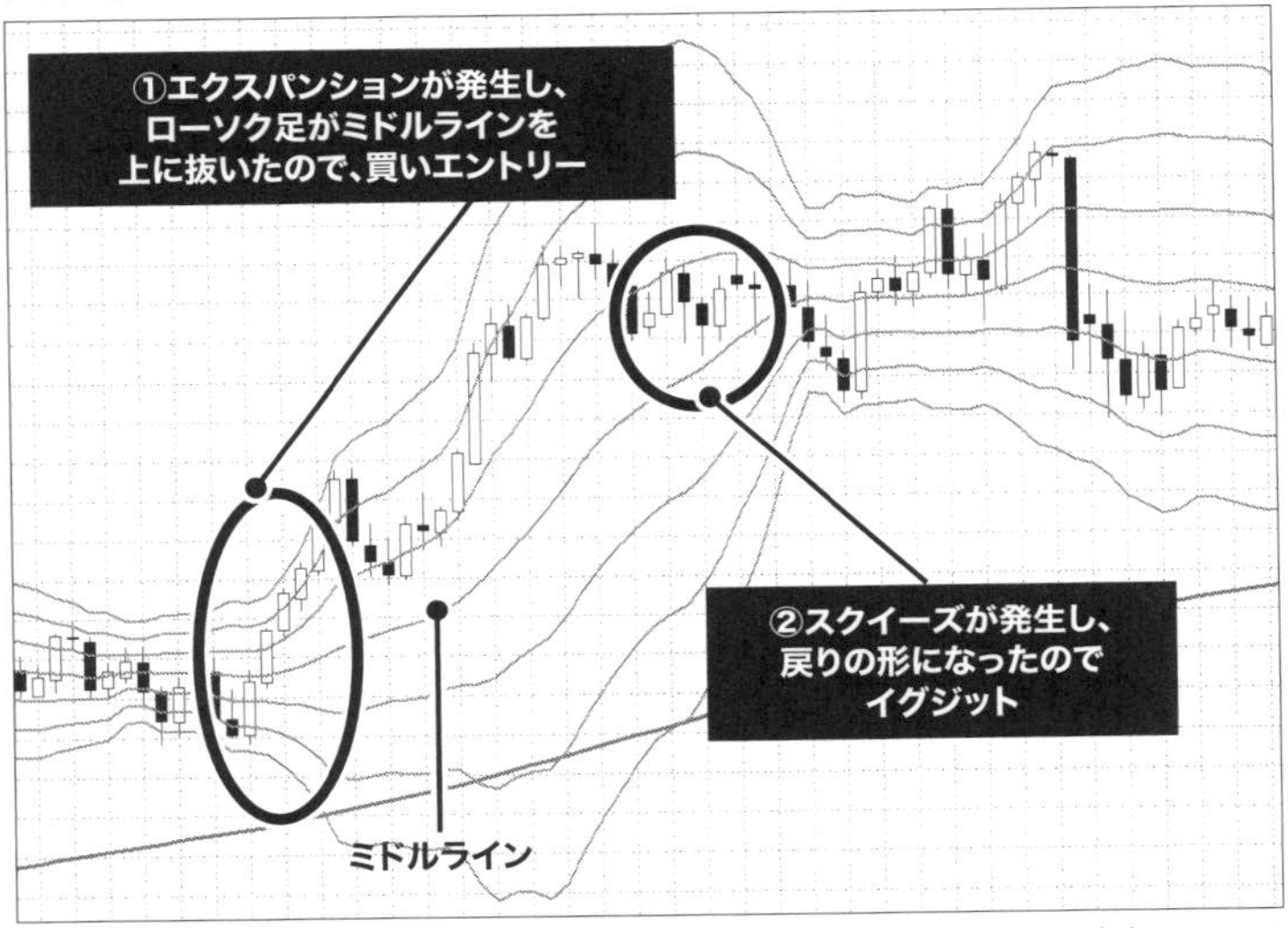

エントリー後、σラインが収縮しはじめ、ミドルラインの傾きが緩やかになり、ローソク足が戻りの形になったので、イグジットする。

ボリンジャーバンドがスクイーズの動きをする前でも、ローソク足がもみ合った動きをしたら含み益があるうちにイグジットします。

そのときの状況によってイグジットするタイミングが異なるので、具体的にこのタイミングというものはありません。

ひとつの目安としては、ローソク足が反転しもみ合っているような状

イグジットのタイミング②

ローソク足がもみ合ったらイグジット

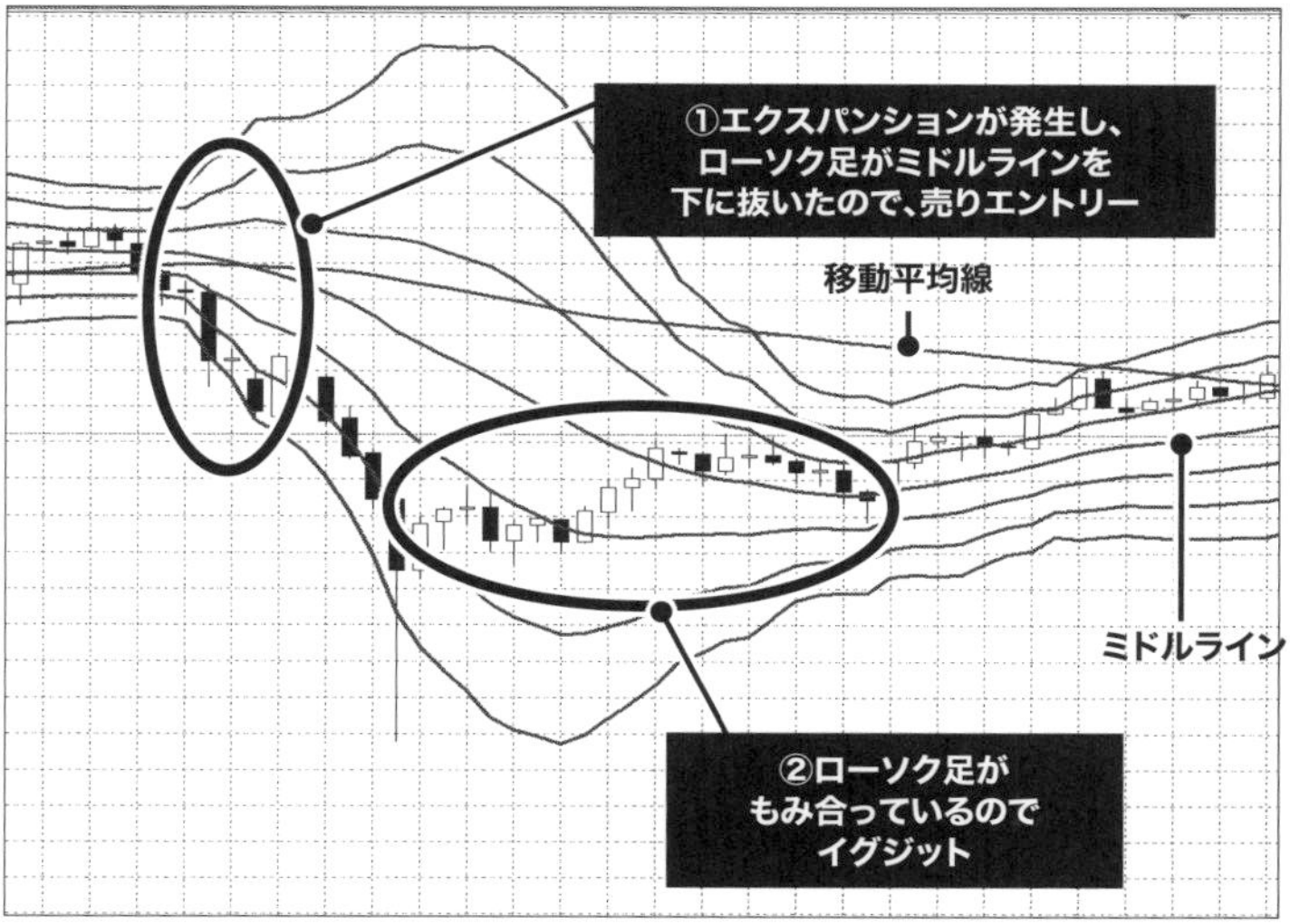

エントリー後、もみ合っているので、トレンドが終了したと判断してイグジットする。

況になったらイグジットします。

05

トレード失敗と判断したらイグジット

私のイグジットのポイント

ローソク足がミドルラインを突き抜けたり、リバウンドが発生したらトレード失敗と判断してイグジットします。

ローソク足がミドルラインを突き抜けたらイグジット

トレード失敗の判断はローソク足がミドルラインを突き抜けたタイミングで行います。

買いエントリーの場合はローソク足がミドルラインを下に抜けたとき、売りエントリーの場合はローソク足がミドルラインを上に抜けたらトレード失敗と判断してイグジットします。

また、エントリー時にエントリーした方向にローソク足が大きく動いた直後に大きく反転する「リバウンド」が発生してしまうこともあります。リバウンドが発生した場合は、すぐにイグジットしますが、リバウンドが発生しそうな動きをしているときは、そもそもエントリーしないことも考えておきましょう。

エクスパンション発生時にいくつものラインを一気に突き抜けるような動きをしたときは、リバウンドが発生することを考え、エントリーしないというのもひとつの手です。

エントリー後に急速にローソク足が動いた場合は、±3σ付近まで推移したらいったん利食いをしてしまうのもいいでしょう。

逆にリスクをとってでも、リターンを追求するのであれば、直前のローソク足の動きはあまり気にせずにトレードしましょう。

自分のトレードスタイルに合わせ、エントリーするかしないか、どのタイミングでイグジットするのかを決めておくようにしましょう。

イグジットのタイミング

ミドルラインを下に抜けたらイグジット

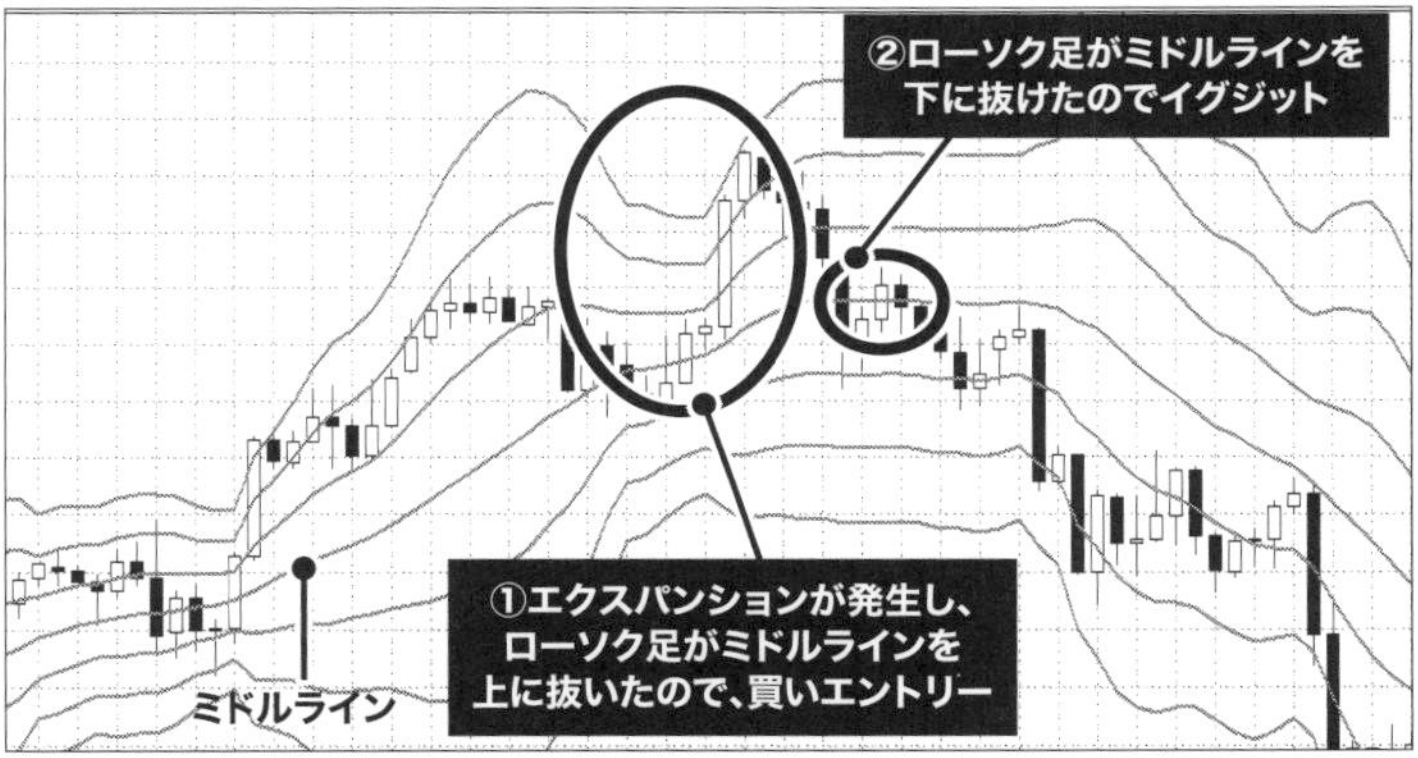

ローソク足が反転し、ミドルラインを下に抜けたのでイグジットする。

リバウンドに注意

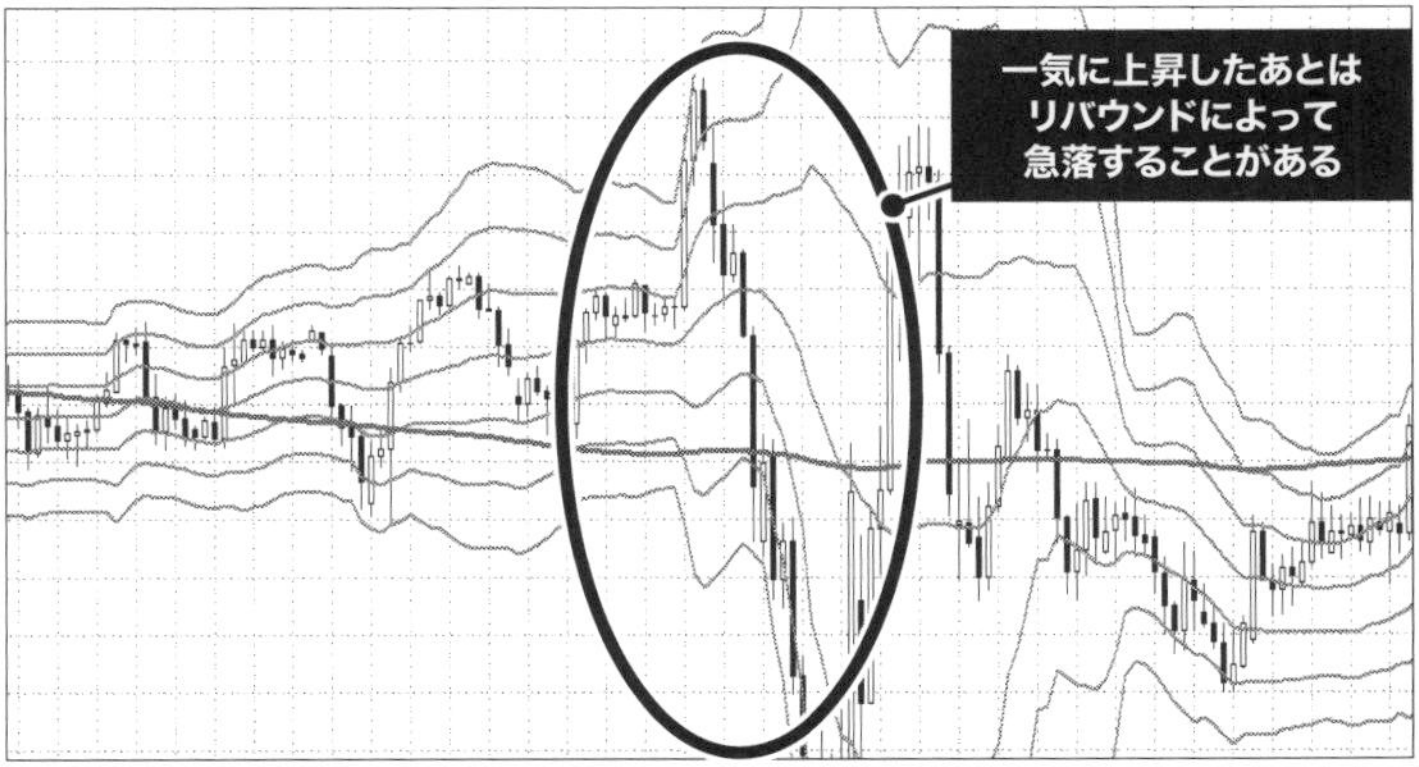

急激にローソク足が動いたときは、リバウンドの可能性も高いので、エントリーしないことも考える。

01

りおなさんの手法

水平線やフィボナッチで相場を分析する

私のトレードのポイント

ファンダメンタルズやテクニカルでトレンドを分析し、水平線やフィボナッチリトレースメントを使ってトレードをします。ただし、金曜日はうまくいきにくいことがあるので、トレードをしません。

りおなさん

フィボナッチと水平線を使ったトレード

りおなさんのトレード手法は、フィボナッチリトレースメント（フィボナッチ）と水平線で相場を分析し、トレードをします。

チャートの設定は以下のようになります。

ローソク足

「日足」「週足」

通貨ペアは米ドル／日本円、英ポンド／日本円、ユーロ／米ドル、英ポンド／米ドルがメインです。

トレード自体は1通貨のみで、複数通貨ペアで同時保有はしません。また、為替相場だけでなく、米国債や米国株価、ゴールドなどを監視して、環境認識（相場の状況の把握）をしています。

基本は日足でのスイングトレードになります。持ち越しや週またぎもしますが、金曜日のエントリーだけはうまく行かないことがあるので控えています。

また、ロットサイズは10万円入金の場合は０・２～０・５ロットで自信の度合いによって変化させています。

りおなさん

りおなさんのチャート画面

水平線とフィボナッチリトレースメントを表示する

水平線とフィボナッチリトレースメントを表示する。

02

フィボナッチのラインでトレードチャンスを探る

私の相場分析のポイント

フィボナッチと水平線のラインからトレードの判断をします。基本的に水平線やフィボナッチラインでの反発やブレイクを狙ってトレードするのでローソク足とラインの位置が重要です。

フィボナッチと水平線で相場状況を探る

相場分析はファンダメンタルズとテクニカル指標の両方で行います。

ファンダメンタルズについては、金融関係のニュースを確認し、現在の状況を確認します。

テクニカル指標については、フィボナッチと直近高値・安値に引いた水平線で分析します。

フィボナッチリトレースメントとは、フィボナッチ比率と呼ばれる比率を用いて、トレンド相場における反発や反落のポイントを見極めるテクニカル指標です。フィボナッチは直近の高値と安値を選択すると自動的に0%、23.6%、38.2%、50.0%、61.8%、76.4%、100.0%などのフィボナッチ比率に基づいたラインが引かれます。

基本的に上昇トレンドのときは高値から安値にドラッグし、下降トレンドの場合は安値から高値にドラッグしてフィボナッチラインを表示します。

日足のフィボナッチと水平線は重なるラインがたびたびあります。このラインは強い抵抗線や支持線となるので、トレードする根拠になります。

特にフィボナッチの50％、61・8％のラインは1回目の最高値・最安値更新だと抜けきれないことが多いので、逆張りを狙えるポイントになります。逆に2～3回試してラインを抜けた場合は、そのままトレンドが発生し、一方的に動きやすくなるので、順張りでのトレードが有効なポイントになります。

いずれにしても、ローソク足がフィボナッチの50％か61・8％のライン付近で推移しているときがトレードのチャンスになりやすいと言えます。

1回目は抜けきらないことが多い

フィボナッチリトレースメントの見方

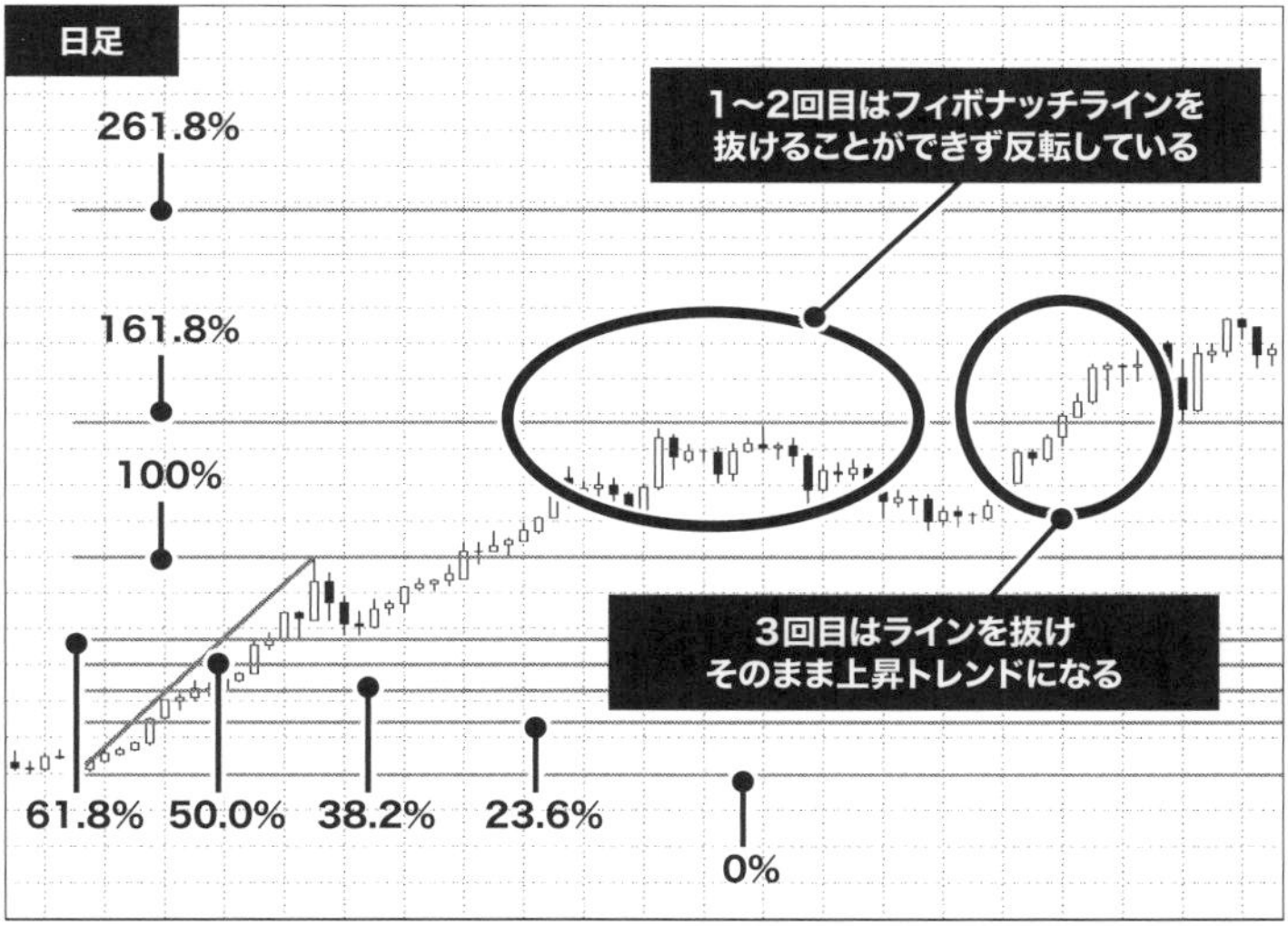

ローソク足がフィボナッチラインで２回反発し、３回目でラインを抜けてトレンドが出ている。

03

１００ｐｉｐｓ以上の利益を狙ってエントリーする

私のエントリーのポイント

エントリーする前に利食い目標を確認し、１００ｐｉｐｓ以上あれば、エントリーします。また、エントリーサイン前後に押し目・戻りを作っていれば信頼性が高いと判断できます。

エントリー前に利食い目標を確認する

前述したように、りおなさんはフィボナッチや水平線のラインでエントリーをしますが、ラインで反発したりブレイクしたら必ずエントリーするわけではありません。

トレード前にどこで利食いをするのかを確認します。基本的に利食いをするのはエントリーした位置からひとつ上のラインになります。たとえば、フィボナッチの50％のラインを上にブレイクしてエントリーした場合、利食い目標はフィボナッチの61・8％になります。このときエントリーからラインまでのpips数を見て、100以上ならエントリーします。100以下の場合は、利益目標が低いのでエントリーは見送ります。

具体的なエントリーのタイミングは、ラインの反発やブレイクですが、押し目・戻りが発生すれば信頼性が高いと判断できます。また、反発の前後で押し目・戻りを作っていると信頼性が高いエントリータイミングになります。

たとえば、213ページのチャートのようにフィボナッチラインを上にブレイクしたあとに押し目を作っているときは、エントリータイミングになります。また、利食い目標であるひとつ上のラインまでは100pips以上あるので、十分な利益が見込めるトレードといえるでしょう。

売りサイン
フィボナッチラインや水平線を下に抜け、下に反発し、利食い目標が100pips以上のとき

買いサイン
フィボナッチラインや水平線を上に抜けるか、上に反発し、利食い目標が100pips以上のとき

りおなさん

ラインを抜けるか反発したらエントリー

利食い目標を決める

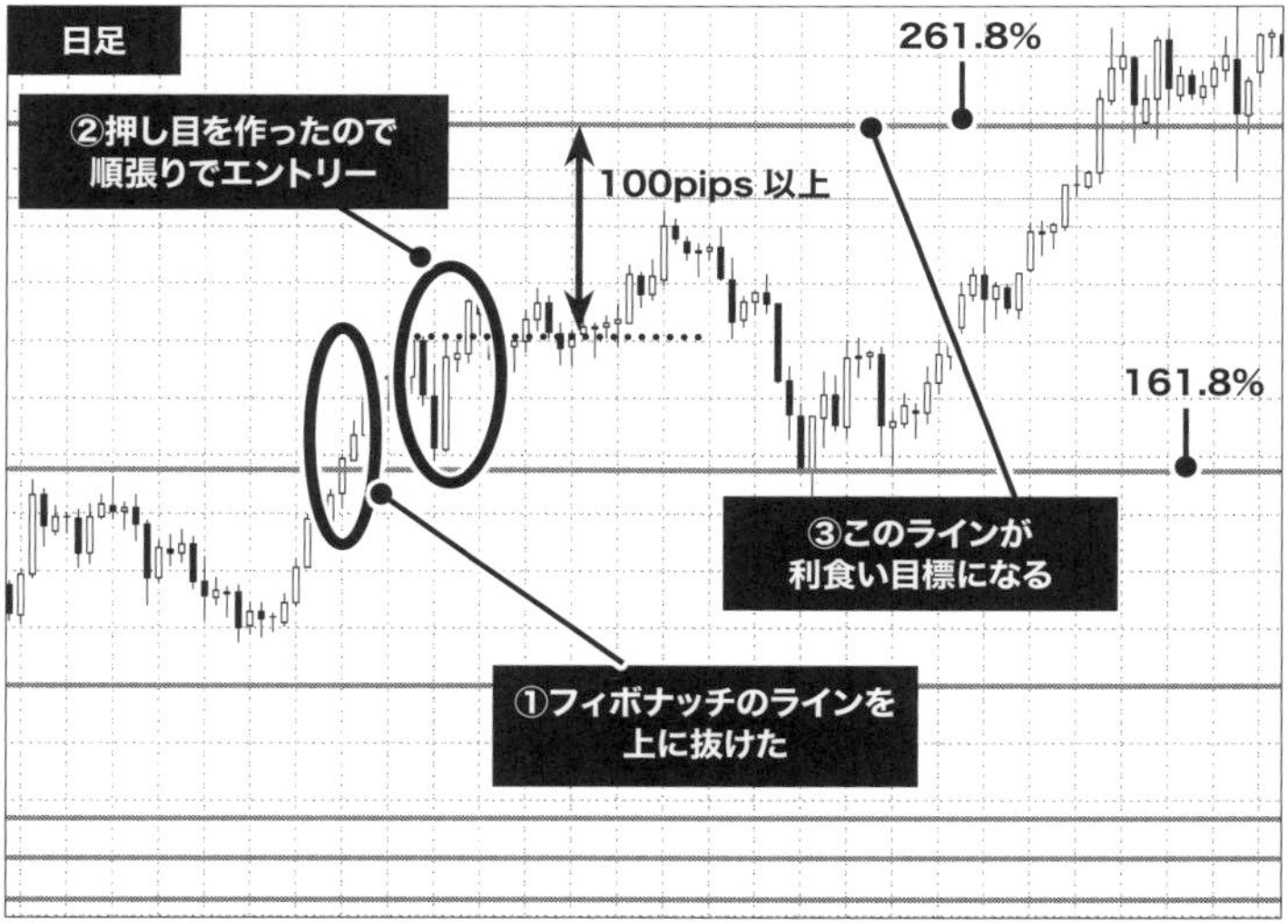

エントリーしたラインのひとつ上のラインを利食い目標にします。

利食い目標によって損切りが変わる

04

リスクリワードが2以上になるように損切りする

私の損切りのポイント

損切りは利食い目標から考えていきます。リスクリワードが2以上になることを考え、利食いや損切りを決めているので、基本的に損切りは利食いの半分になります。

▼リスクリワードが２以上になるように意識する

損切りは利食いとの比率で考えます。りおなさんは、リスクリワードが２以上になることを目標としています。

そのため、損切りは利食いの半分になることを考えます。たとえば、利食い目標が１００ｐｉｐｓの位置にある場合は、損切り目標は50ｐｉｐｓになります。利食いと損切りが２対１の比率が崩れないように利食いや損切りを行うことが大切です。

ただし、リスクリワードを上げようとしすぎて損切り目標が20〜30ｐｉｐｓになってしまうと、トレンド転換ではない押し目・戻りなどのちょっとした動きでも損切りすることになってしまうので、バランスが大切です。りおなさんの場合は利食いを１００ｐｉｐｓ以上に設定することで、こまかな動きで損切りすることがないようにバランスをとっています。

損切りするべきじゃないタイミングで損切りすることが多くなってしまった場合は、利食い目標を変えるなどして、リスクリワード２以上を維持しつつ、損切りのタイミングを変えられるように調整するようにしましょう。

りおなさん

損切りは利食い目標で決める

損切りは利食いの半分を目安に調整

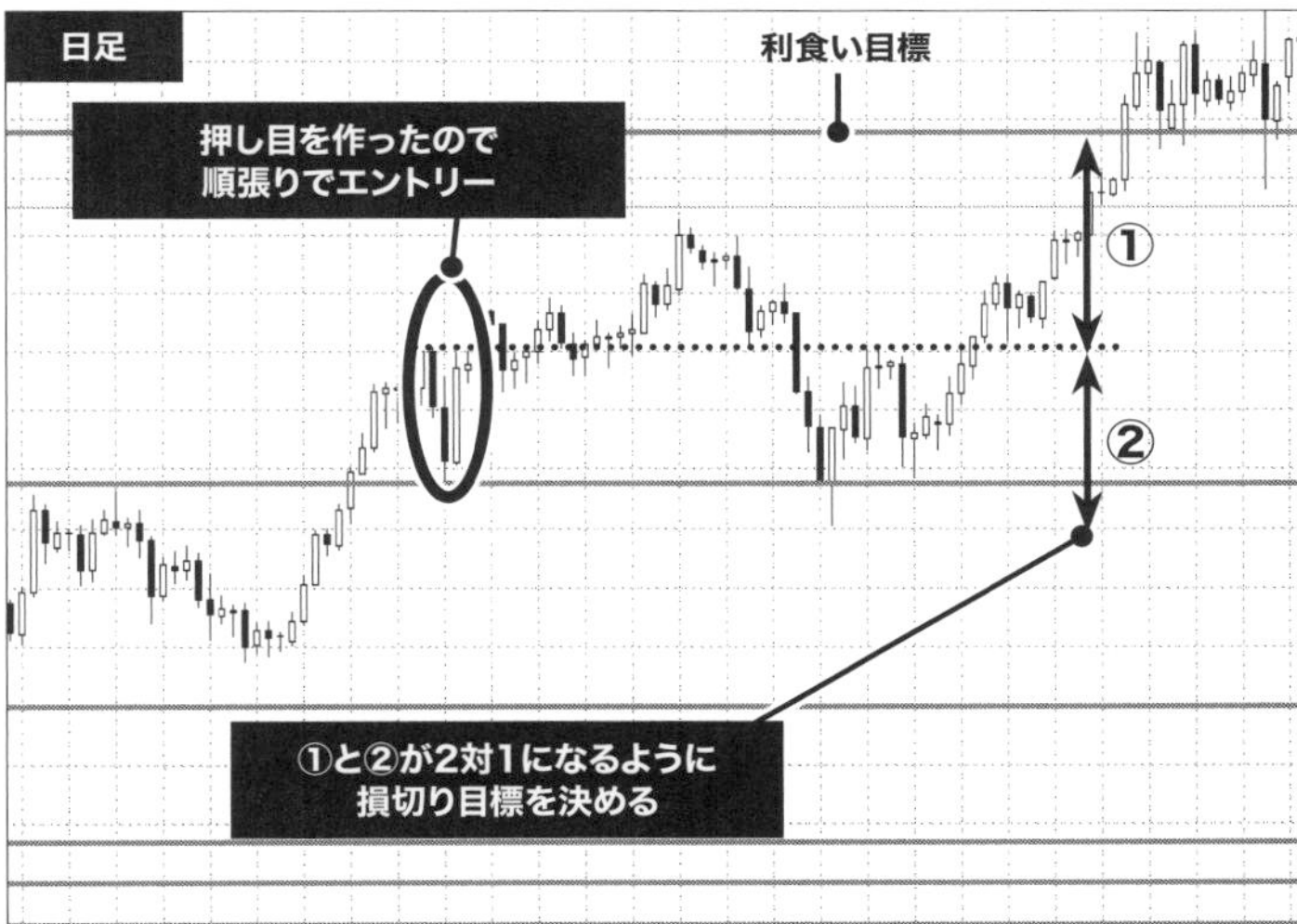

利食い目標の半分を損切り目標にします。

第5章

シチュエーションで理解！トレーダーの実戦トレード

押し目・戻りを使って稼ぐ人は手法をどのようにして使い、状況を判断しているのでしょうか。相場が大きく動いているときや相場の動きが鈍いときなど、９パターンのシチュエーションでどのようなトレードを行ったのか解説します。

01

日銀の金融緩和維持により円安・ドル高に

2023年4月3日に発表された米国の経済指標が市場予想を下回ったことを背景にドル円相場は一時130円台後半まで下落しました。しかし、4月10日に日銀の植田新総裁が就任会見で金融緩和を継続する姿勢を示したことで、ドル円は133円台後半まで上昇しました。

その後、日銀が金融緩和の維持を決定したことから136円台後半まで急速に円安・ドル高が進行し、5月に入ってからは米国の悪材料の影響で一時円高・ドル安に動いたものの、米国のインフレ率の上振れを背景に米国の中央銀行にあたるFRBが利上げを継続する可能性が出たことで再び円安・ドル高に動きました。

2023年4月〜2023年6月

米ドル/日本円の日足チャート

日銀の金融緩和維持による円安・ドル高トレンド

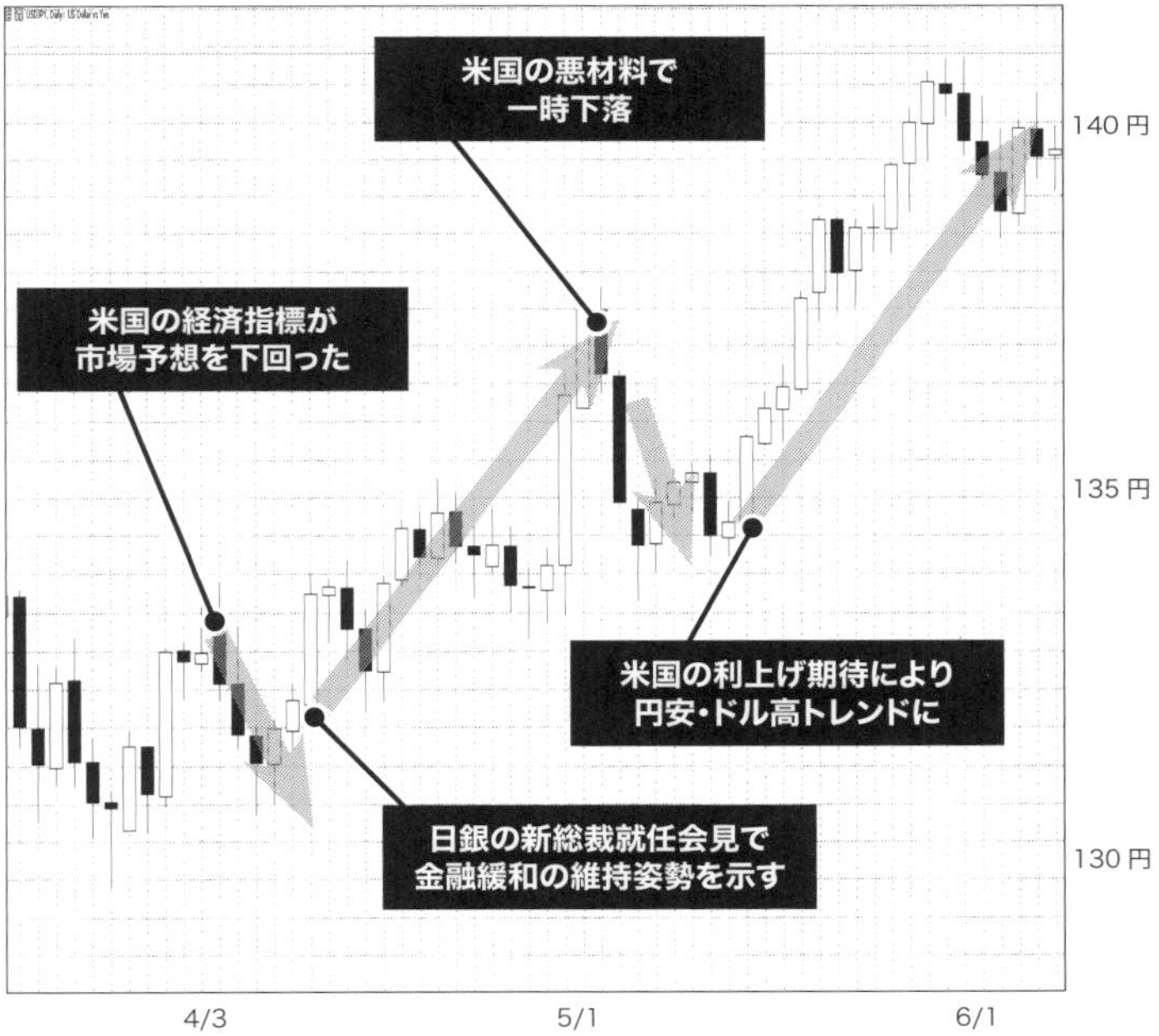

▶ 日本の金融緩和維持が決定したことにより円安・ドル高に動いた

▶ 米国の経済指標が予想を下回ったことで一時下落することもあった

エニルさんの考え方

1 ローソク足が水平線を上にブレイクしたタイミングで15分足で押し目を確認してエントリー

日銀が金融緩和維持を表明したことで、円安・ドル高の流れができていたので、買いエントリーのタイミングを探っていました。5月18日ごろに4時間足で意識されていた水平線を上にブレイクしたので、15分足で押し目を確認してからエントリーしました。今のところ、イグジットサインが出ていないのでポジションを持ち続けています。

まとめ

円安・ドル高の局面で、買いエントリーのタイミングを探っていた。

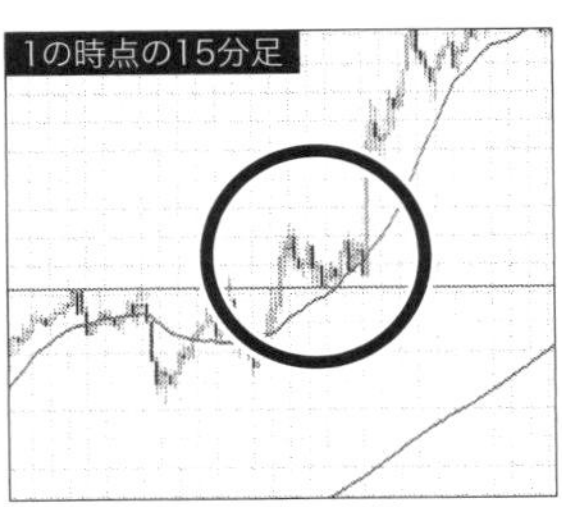

水平線ブレイク後の押し目買い

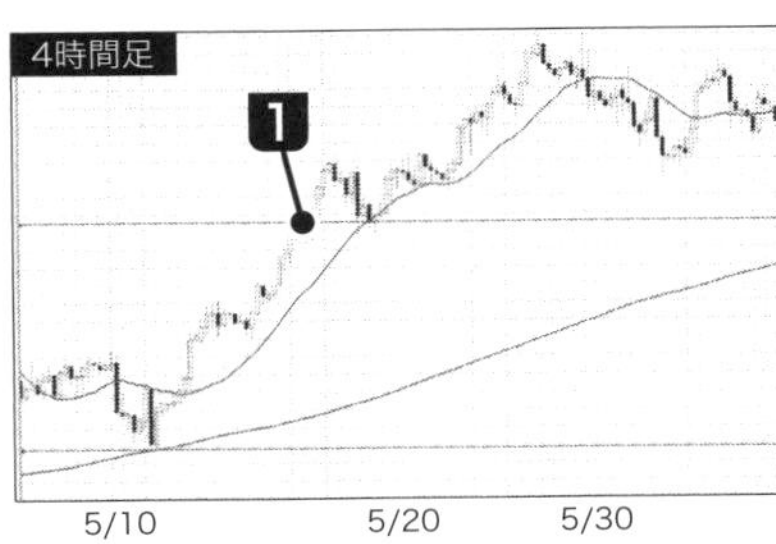

し～さんの考え方

1 上昇トレンド中に15分足でレジサポ転換が発生したので買いエントリー

2 直近高値の水平線を利食い目標にする

4月～5月にかけて相対的に日本は悪材料が多く、米国は好材料が多かったので、買いエントリーの狙い目でした。

日足と週足で上昇トレンドがでたときに15分足でレジサポ転換が発生したので買いエントリーしました。直近高値を利食い目標としており、ポジション保有を続けています。

まとめ

順調上昇トレンドが続いており、ポジション保有を続けている。

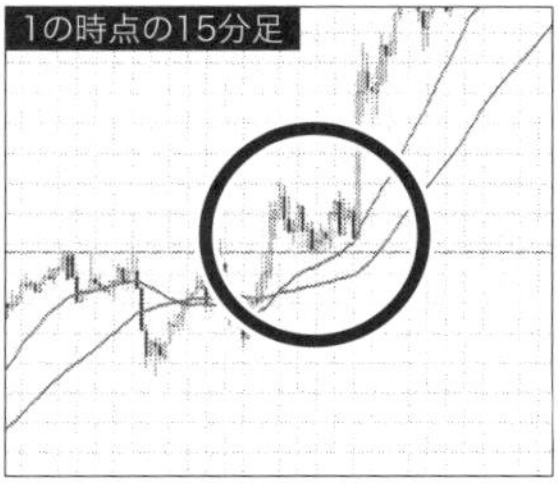

レジサポ転換後の押し目買い

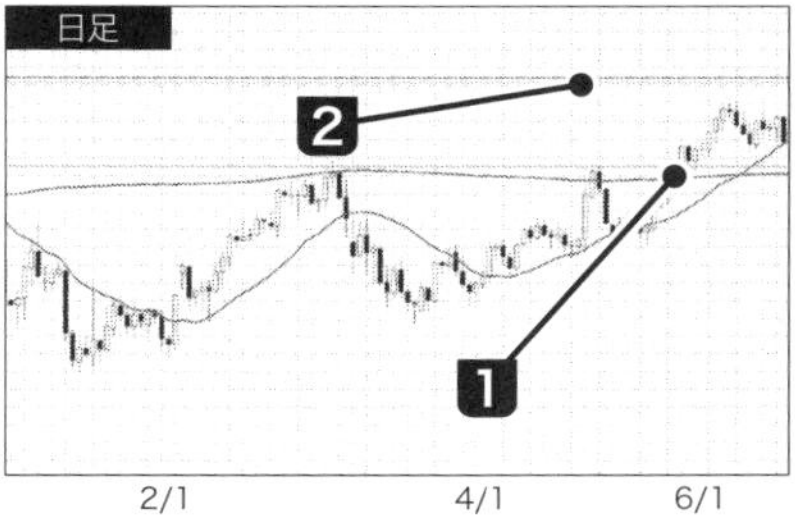

02

日銀の金利維持の姿勢で円安・ドル高に

2023年1月5日に発表された米雇用統計が市場予想を上回ったことで、ドル円相場は134円台後半まで円安・ドル高に動きました。その後、日銀が金融緩和策を維持することが決定し、長期金利の変動幅についても2022年12月の会合で修正した±0.5%にとどまったことで、利上げの期待感が高まっていた市場にとっては悪材料となり、円売り圧力が強まり、円安・ドル高に動いていきました。

2月に入ってからは、米国の経済指標が市場予想を大幅に上回ったことでさらに円安・ドル高の勢いが強まりました。

2023年1月〜2023年2月

米ドル/日本円の日足チャート

日本の金融緩和策の維持決定により円売りが加速

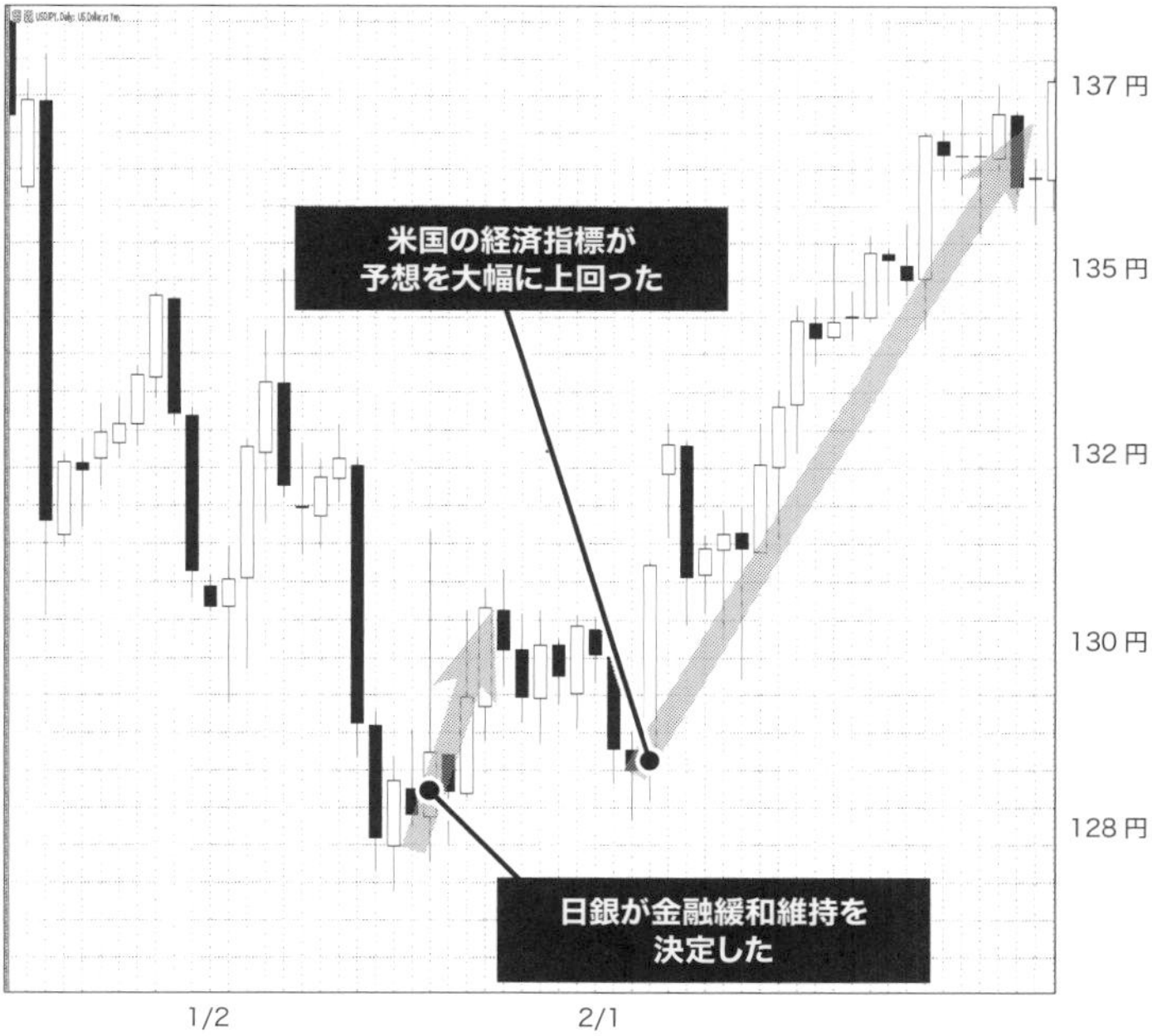

▶ 日銀が2023年1月18日に金融緩和策の維持を決定

▶ 米国の指標発表の結果が市場予想を上回った

みくのすけさんの考え方

1 エクスパンションが発生し、ローソク足がミドルラインを下抜けたので売りエントリー

2 スクイーズが発生し、ローソク足がもみ合ったので、イグジット

日足では、トレンドがはっきりしていませんでしたが、4時間足で下降トレンドが発生していたので、エクスパンションが発生したタイミングで売りエントリーしました。日足でトレンドがはっきりしていなかったので、早めにイグジットしようと思い、ローソク足がもみ合ったタイミングでイグジットしました。

まとめ

日足でトレンドがはっきりしていなかったので、早めのイグジットを心がけた。

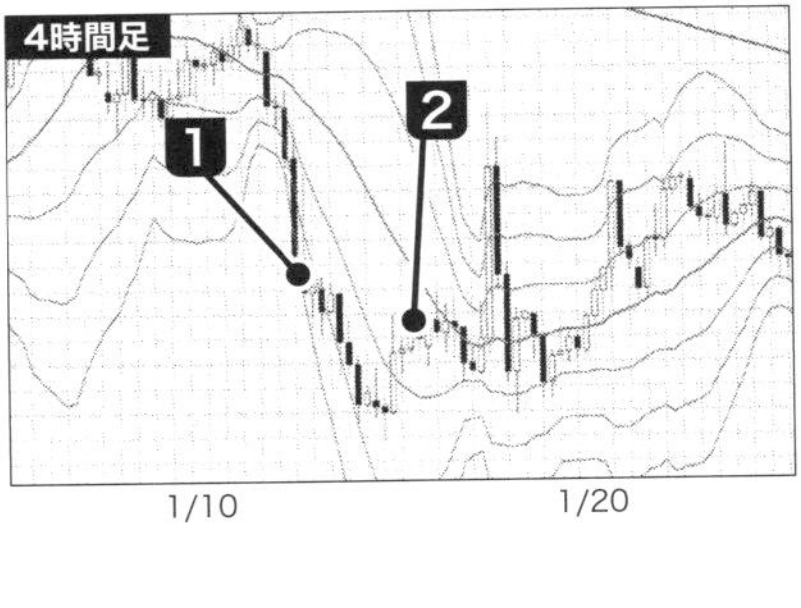

水平線ブレイク後の戻り売り

つかささんの考え方

1 下降トレンド中に30分足で雲を下に突き抜け、戻りをつくったので売りエントリー

2 日銀の現状維持決定のニュースでイグジット

ファンダメンタルズ的には難しい相場だったのですが、4時間足で下降トレンドがでていたので、ちょっと利益が獲れればという気持ちでエントリーしました。思ったより下がりきらず、1月18日に日銀が現状維持の姿勢を発表したので、反発することを警戒してイグジットしました。

まとめ

ファンダメンタルズの影響を考え、イグジットを行った。

雲抜け後の戻り売り

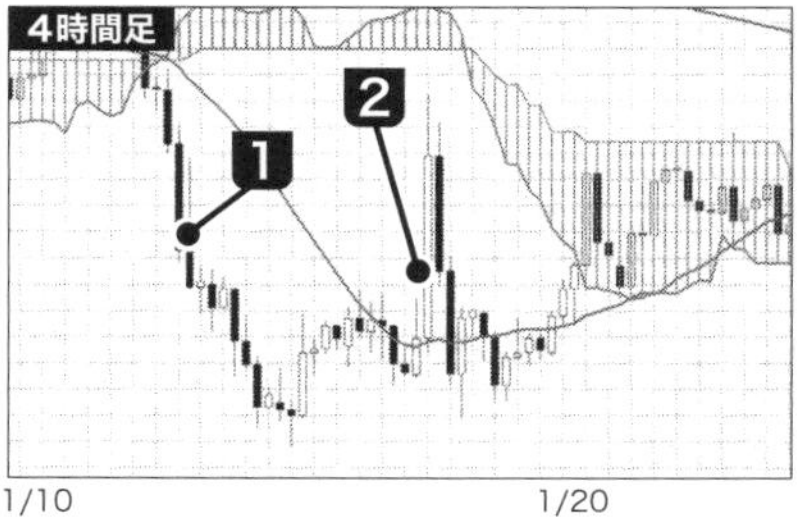

03

長期金利の変動幅拡大のサプライズで円高・ドル安に

2022年12月前半は米国のインフレ率が市場予想を下回った一方、FOMCが政策金利の誘導目標を引き上げることを決定したため、ドル円相場は一進一退の動きをしていました。

その後、2022年12月20日に日銀が金融政策決定会合で「0・25%程度」としていた長期金利の変動幅を「0・5%程度」に許容するという実質的な引き上げを発表しました。これまで日本は低金利を貫き通してきたため、この決定はサプライズとなり為替相場にも大きな影響を与え、131円台にまで円高・ドル安になりました。

2022年12月〜2023年2月

米ドル/日本円の日足チャート

サプライズによる実質的な利上げで円買いが加速

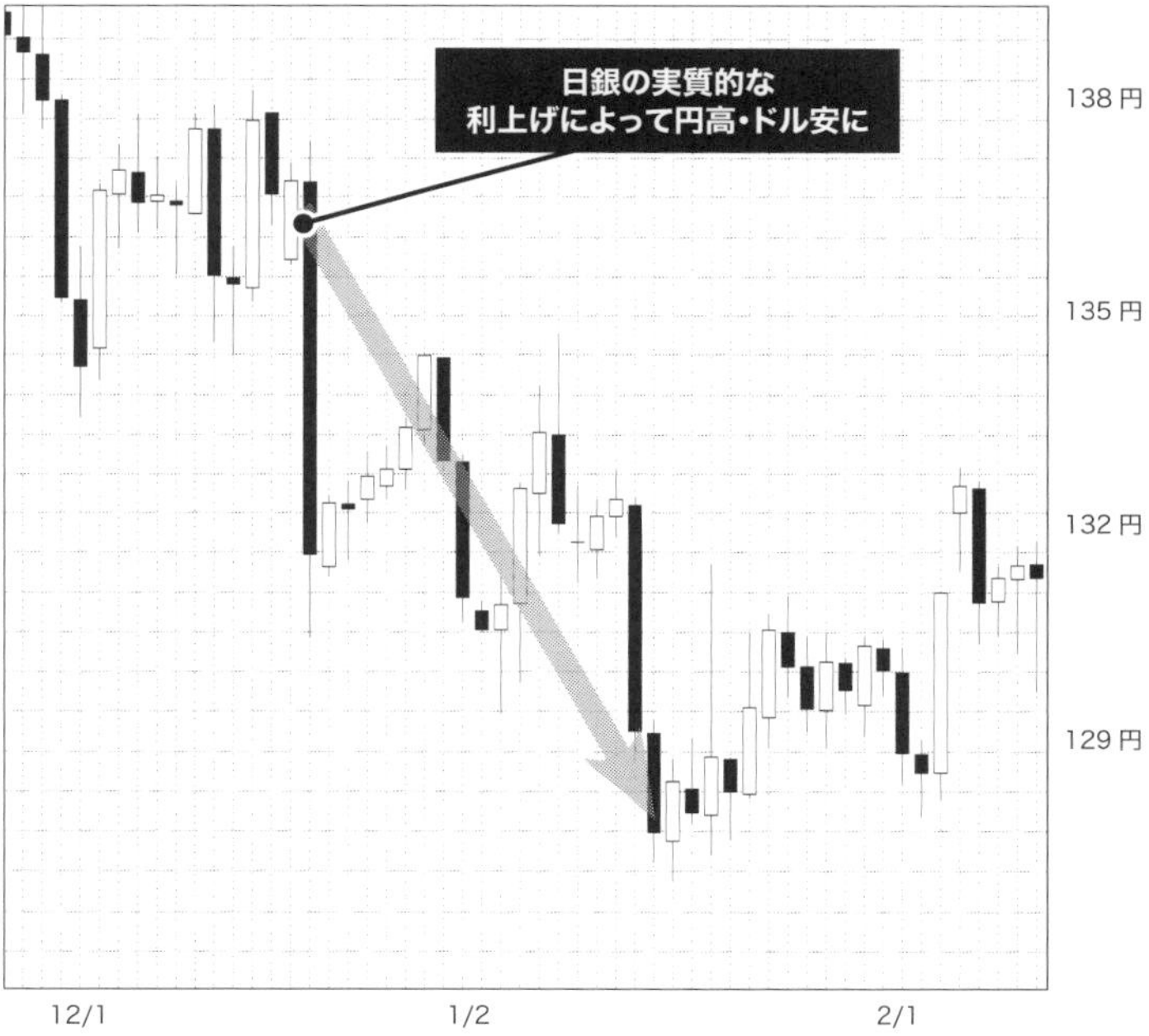

- 日銀が2022年12月20日に長期金利の変動幅の引き上げを発表

- 2023年1月13日に長期金利が一時0.5%を超える

エニルさんの考え方

1 ローソク足がトレンドラインで反発し、15分足でもラインを下にブレイクしながら戻りの形になったので売りエントリー

2 日銀の発表でトレンド反転の可能性を考えイグジット

ローソク足が移動平均線を下に抜けたことを理由に売りエントリーしました。順調に下落が続いていましたが、日銀が長期金利の変動幅の現状維持を決定したため、トレンドが反転する可能性を考えてイグジットしました。

まとめ

日銀の発表で、トレンドが変わる可能性を考え、リスクを抑えるためにイグジットした。

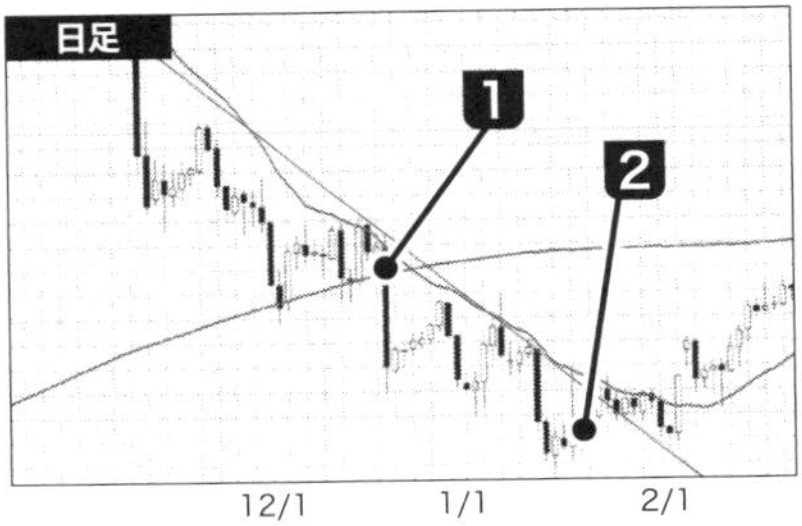

水平線突き抜け後の戻り売り

し~さんの考え方

1 下降トレンド中に15分足でレジサポ転換が発生したので戻りで売りエントリー

2 直近安値にタッチしたのでイグジット

明確に下落トレンドが発生しているなかでレジサポ転換が発生したので売りエントリーしました。その後、順調に下落し、結果的にはトレンドが終わる直前で直近安値にタッチしたのでイグジットしました。直近安値にタッチしていなくても、日銀の発表を理由にイグジットしたと思います。

まとめ

順調に下降トレンドが続き、結果的にはベストなタイミングでイグジットできた。

レジサポ転換後の戻り売り

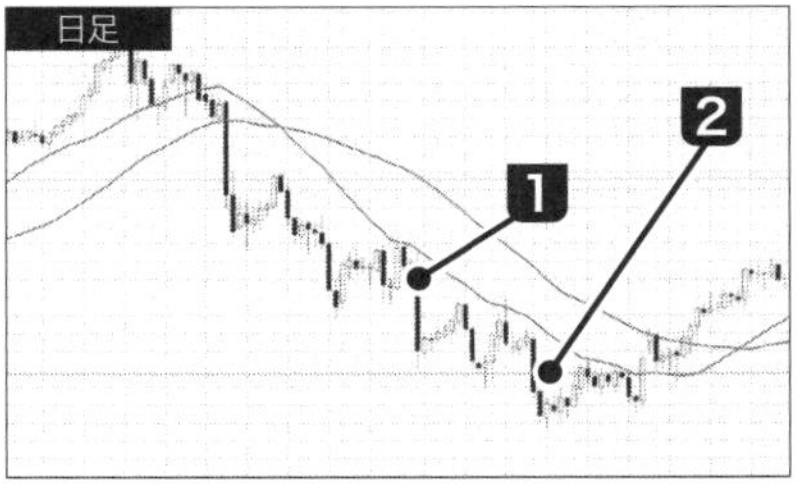

米国の指標発表の結果が予想以上に悪くドル売りが加速

04

米国の消費者物価指数悪化で円高・ドル安に

２０２２年11月10日にドル円は１４６円から１４０円まで大幅に円高・ドル安になりました。ここまで大きく動いたのは、米国の指標発表の結果が悪化したことにあります。

米10月の消費者物価指数（ＣＰＩ）の伸びが予想以上に鈍化したことに加え、新規失業保険申請件数が増加したことを要因とする政策金利の利上げペースの減速観測が強まり、長期金利の大幅低下にともなったドル売りが加速しました。さらに、ＦＲＢの一部高官も利上げ減速を示唆したこともさらなるドル安に拍車をかけました。

2022年11月〜2023年1月

米ドル/日本円の日足チャート

米国の消費者物価指数悪化でドル売りへ

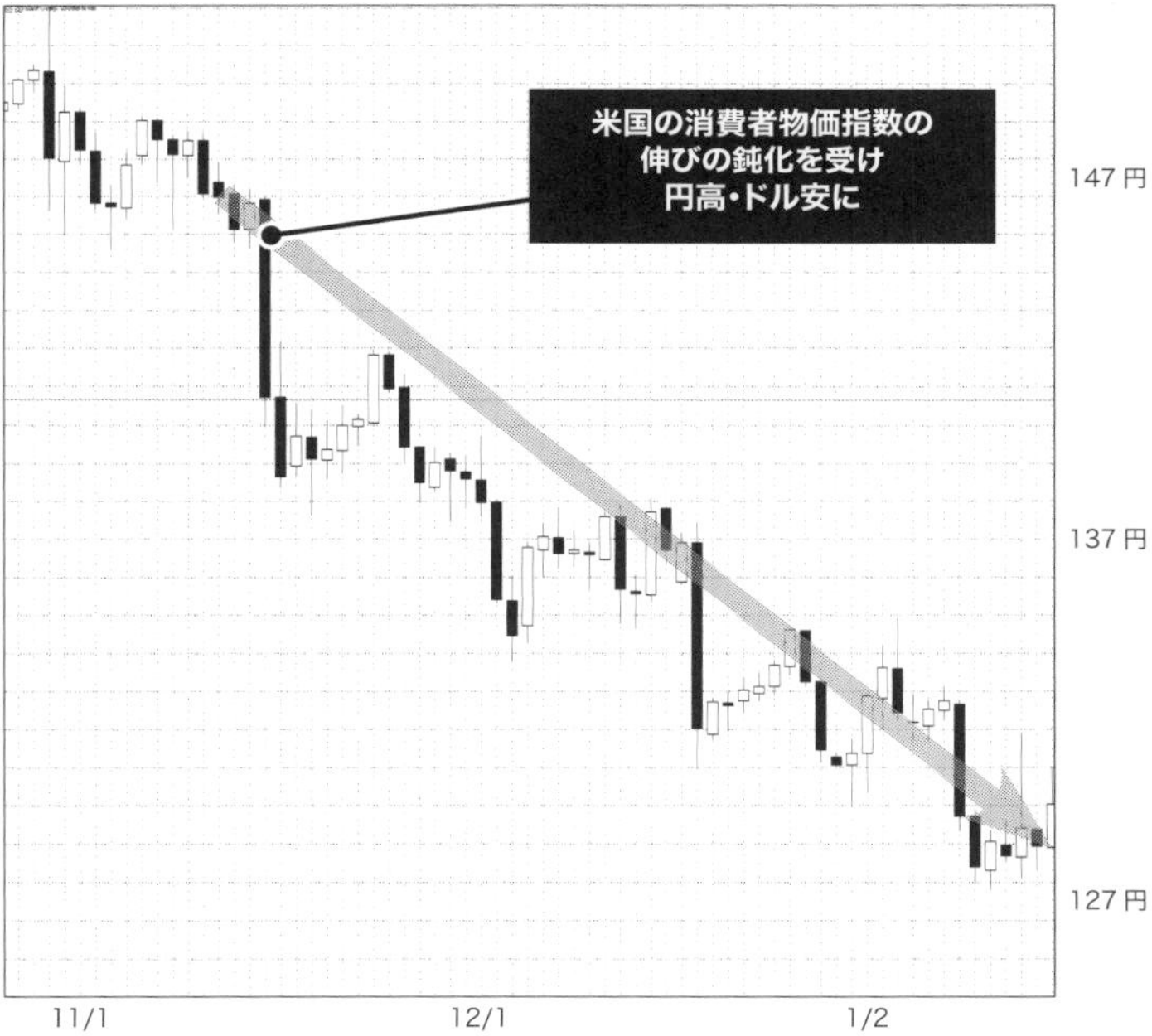

- 米国の消費者物価指数の伸びが鈍化
- 一部FRB高官が利上げ減速を示唆

エニルさんの考え方

1. ローソク足が水平線を下に抜け、15分足では戻りの形になったので売りエントリー
2. 損切り目標の2倍のpips数になったので利食いをする

ローソク足が水平線を下に抜けたことを理由に売りエントリーしました。その後、損切り目標の2倍の含み益になったタイミングで利食いしました。エントリーから利食いまで理想的なトレードになりました。

まとめ

エントリーからイグジットまで理想的なトレードができた。

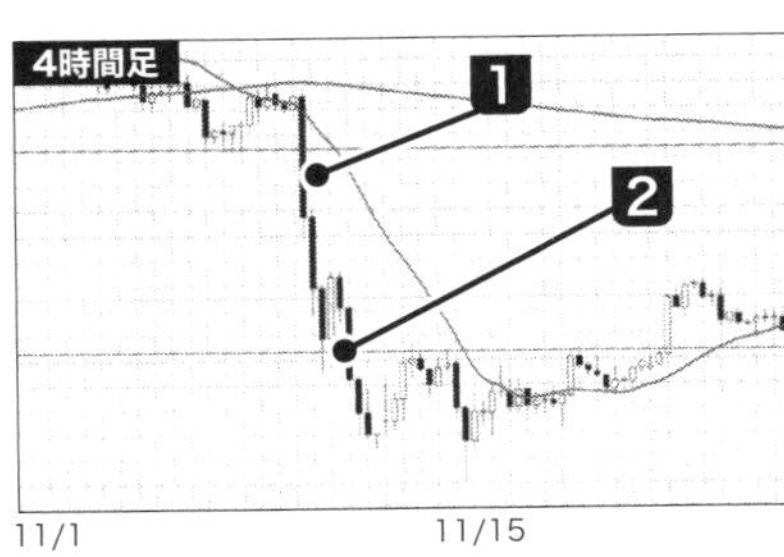

水平線突き抜け後の戻り売り

つかささんの考え方

1 下降トレンド中に30分足で雲を下に突き抜け、戻りをつくったので売りエントリー

2 水平線で反発したのでイグジット

ファンダメンタルズは円高・ドル安だったので、売りエントリーが狙い目でした。4時間足で下降トレンドがでていたので、30分足で戻りのサインを待ってエントリーしました。その後、水平線で反発したタイミングでイグジットしました。ポジション保有期間は短めでしたが十分な利益でした。

まとめ

予想よりポジション保有期間は短かったものの十分な利益が獲得できた。

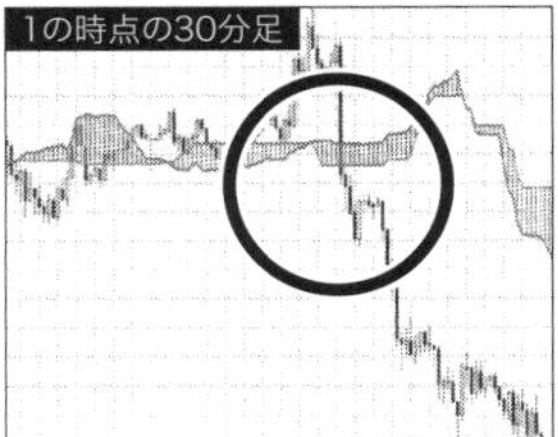

雲の下抜け後の戻り売り

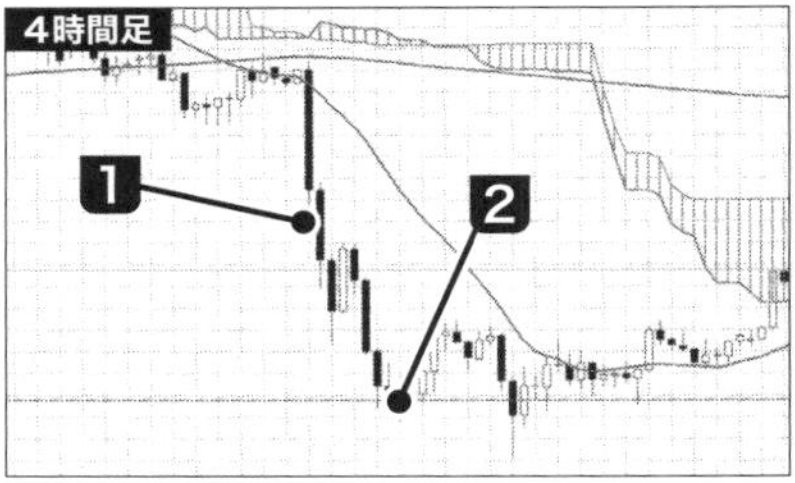

2022年3月にFRBが利上げを決定したことによりドル買いが増える

05

米国と日本の政策の違いにより円安・ドル高に

2022年3月16日にFRB（米連邦準備制度理事会）は、2020年3月から続いていた米国の「ゼロ金利政策」を終了し、利上げすることを決定しました。この背景には、米景気の回復にともない、雇用状況などが改善する一方、消費者物価の上昇率が40年ぶりの高水準となったことが挙げられます。

一方、日本では2022年3月18日に行われた金融政策を決める会合で、大規模な金融緩和策を維持することを決定しました。この米国と日本の金融政策の違いにより、その後も長期的に円安・ドル高が進み、10月21日には152円台に迫るまで推移しました。

2022年3月〜10月

米ドル/日本円の日足チャート

米国の利上げによりドル買い・円売りが加速

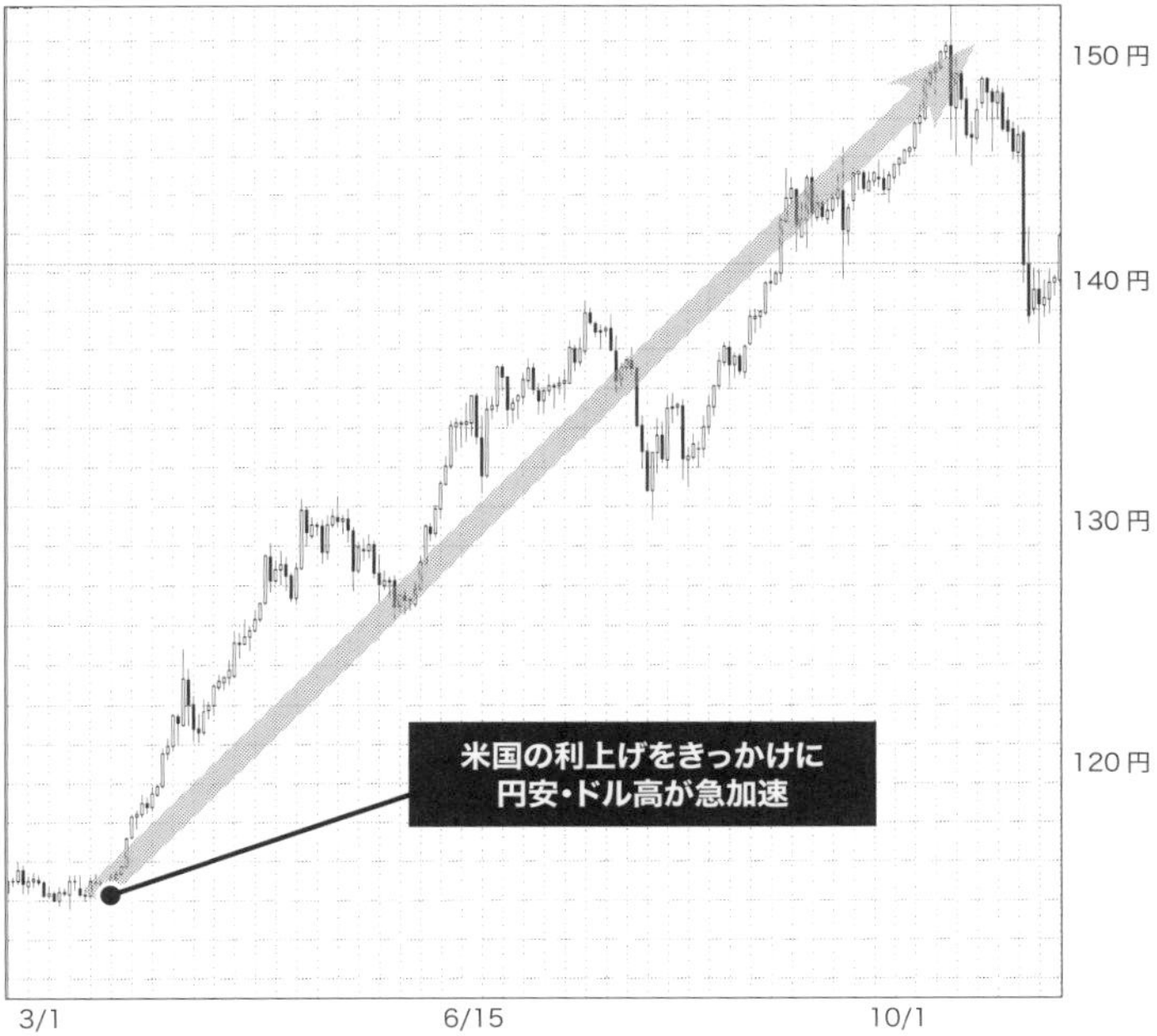

▶ 米国が2022年3月16日に利上げを決定

▶ 日本は金融緩和策を維持することを決定

りおなさんの考え方

1 米国が金利を引き上げたことで、ドル円が買いのチャンスになり、押し目でエントリー

2 ファンダメンタルズとテクニカル要因で利食い

3月16日に米国が金利を上げ、円安・ドル高に動いたため、買いエントリーを入れました。途中追加で買いを増やしていましたが、5月16日にいったん利益確定をしました。理由としては、フィンランドとスウェーデンがＮＡＴＯ加盟を申請したことと、チャートが三尊の形になっていたためです。

まとめ

ファンダメンタルズとテクニカルの両方の要因で利食いを決めた。

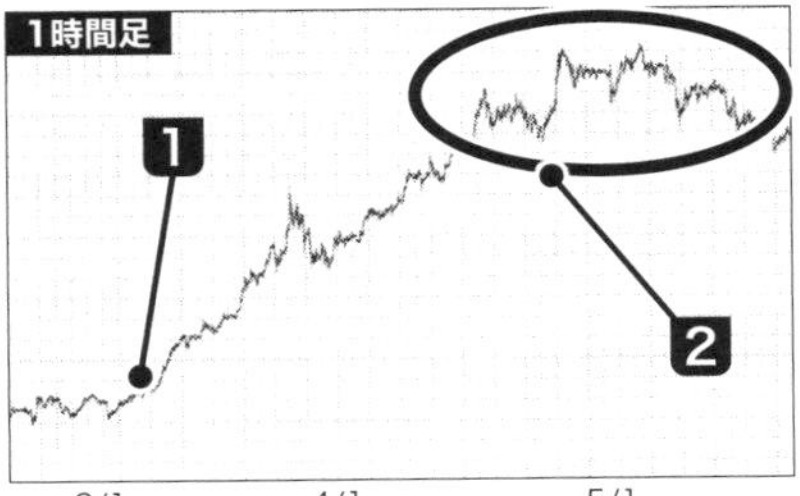

みくのすけさんの考え方

1 エクスパンションが発生し、ローソク足がミドルラインを上抜けたので押し目で買いエントリー

2 スクイーズが発生し、ローソク足が戻りをつくったので、イグジット

米国の利上げでファンダメンタルズ的には上昇トレンドはほぼ確定といった感じでしたので、どこで買いエントリーを行うかを考えていました。最初の動きで大きく利益が得られたので、その後もいつもより強気でトレンドに乗った順張りトレードを仕掛けていました。

まとめ

予想以上の上昇幅で大きな利益を獲得できた。

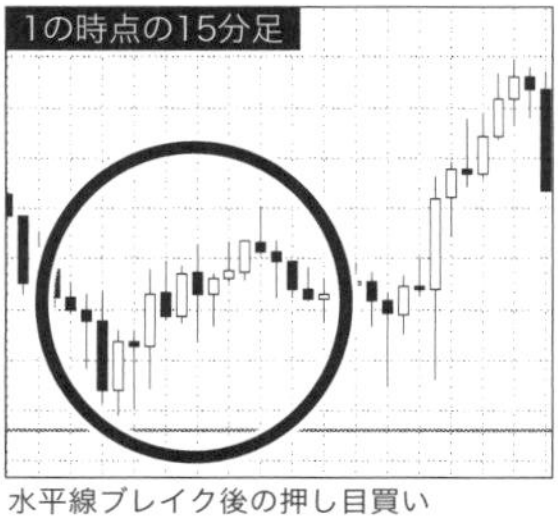

水平線ブレイク後の押し目買い

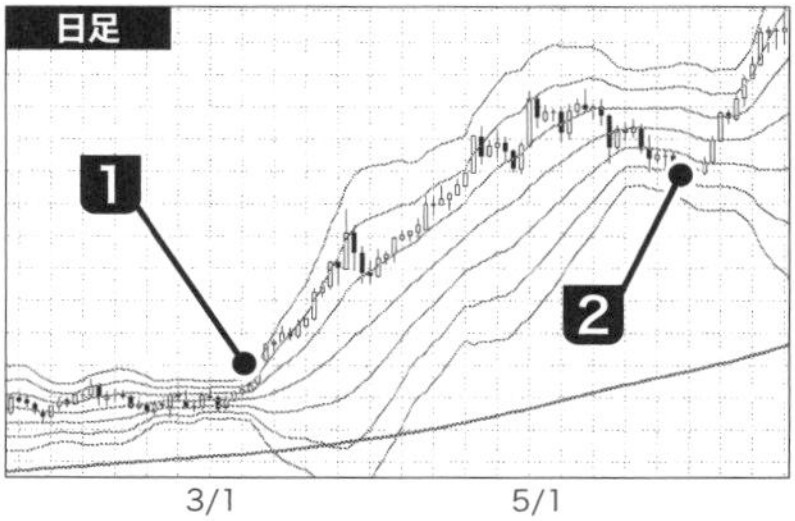

米国の金利据え置きの見通しに対して失望売りが加速

06

米国の利上げ示唆により円安・ドル高に

２０２１年９月に行われたＦＯＭＣの定例会合で、出席委員18人中９人が２０２２年末までの利上げを予想し、さらに、２０２３年末までには3回の利上げが示唆され、前回（２０２０年７月）の2回の予想から1回増加しました。これにより、利上げを見越してドル買いをする市場参加者が増え、円安・ドル高が進行しました。

一方、日本では世界景気の回復にともない輸出が回復したものの、資源高や国内景気の持ち直しにともなう輸入増加によって円高・ドル安圧力が生じにくくなっている状況もあり、円安・ドル高への勢いが強くなっていました。

2021年9月〜11月

米ドル/日本円の日足チャート

来年以降の米国の利上げを見越してドル買いが加速

- 米国が2022年、2023年の利上げを示唆
- 日本では、輸入増加などの影響で円高圧力が生じにくくなっている状況

みくのすけさんの考え方

1 エクスパンションが発生し、ローソク足がミドルラインを上抜け、15分足で押し目が発生したので買いエントリー

2 スクイーズが発生し、ローソク足がもみあったので、イグジット

買いエントリー後、順調に上昇し、スクイーズが発生する少し前からローソク足がもみ合っていたので、イグジットしました。トレンドの始まりから終わりまでをとれたので、私の手法において理想的な流れだったと思います。

まとめ

エントリーからイグジットまで理想的な展開でトレードができた。

水平線ブレイク後の押し目買い

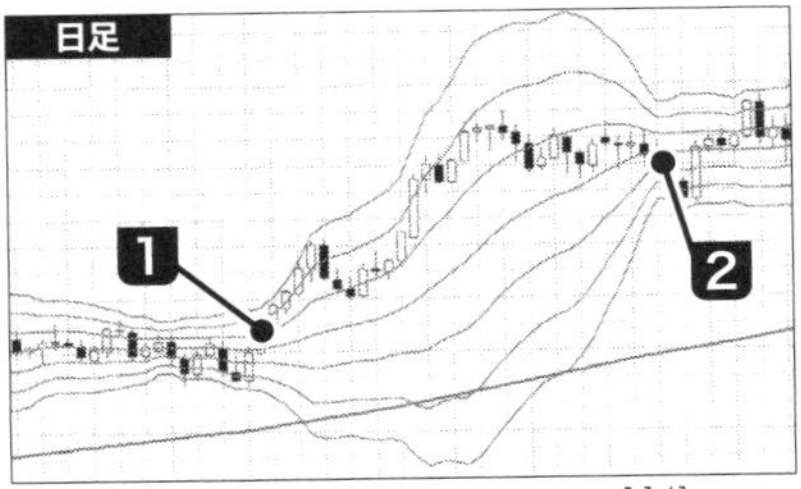

モコさんの考え方

1 上昇トレンド中に、1時間足でσラインでローソク足が押し目を作ったあとに上昇したので買いエントリー

2 +2σタッチで、イグジット

金利関係は相場に大きな影響を与えるので、うまくいけば大きな上昇トレンドになると思っていました。FOMCで利上げの可能性が言及されると上昇トレンドになったので、その流れに乗ったトレードを行いました。利益も十分に確保できたので、成功トレードだったと思います。

まとめ

ファンダメンタルズによる大きなトレンドをとらえ利益獲得に成功した。

σラインで押し目買い

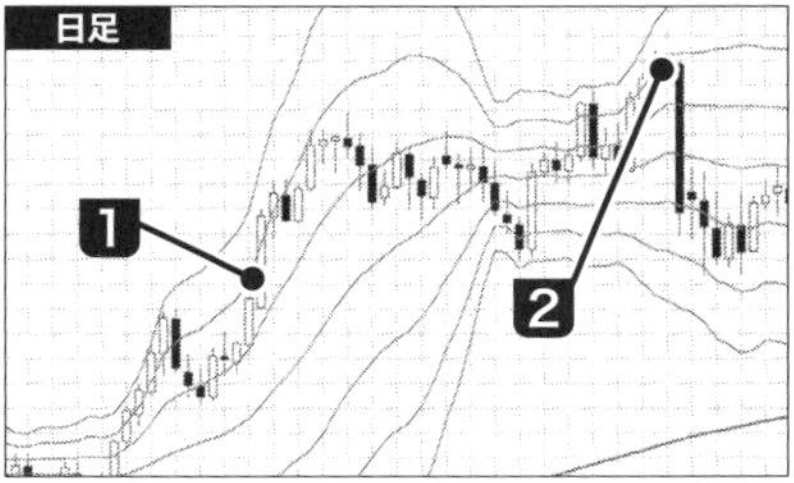

米国の利上げや景気回復によりドル買い・円売りが増加

07

米国の景気回復を背景に円安・ドル高が進行

2021年2月は円安・ドル高が進みました。この背景には、米国の追加経済対策への期待が高まったことや、新型コロナウイルス感染症（新型コロナ）のワクチンが早期に普及するとの予測から、米国の景気回復への期待が一段と高まった状況などがあります。また、米10年債利回りの上昇圧力や、当時発足したバイデン政権によるインフラ投資計画などもドルの上昇圧力になりました。

4月以降は米国が金融緩和を維持する姿勢を見せたことや、バイデン政権による株式や債券などの売却にかかる税金に対しての増税に警戒が強まったことにより、円安・ドル高の勢いは、いったん落ち着きました。

2021年2月〜4月

米ドル/日本円の日足チャート

米国の景気回復によりドル高に

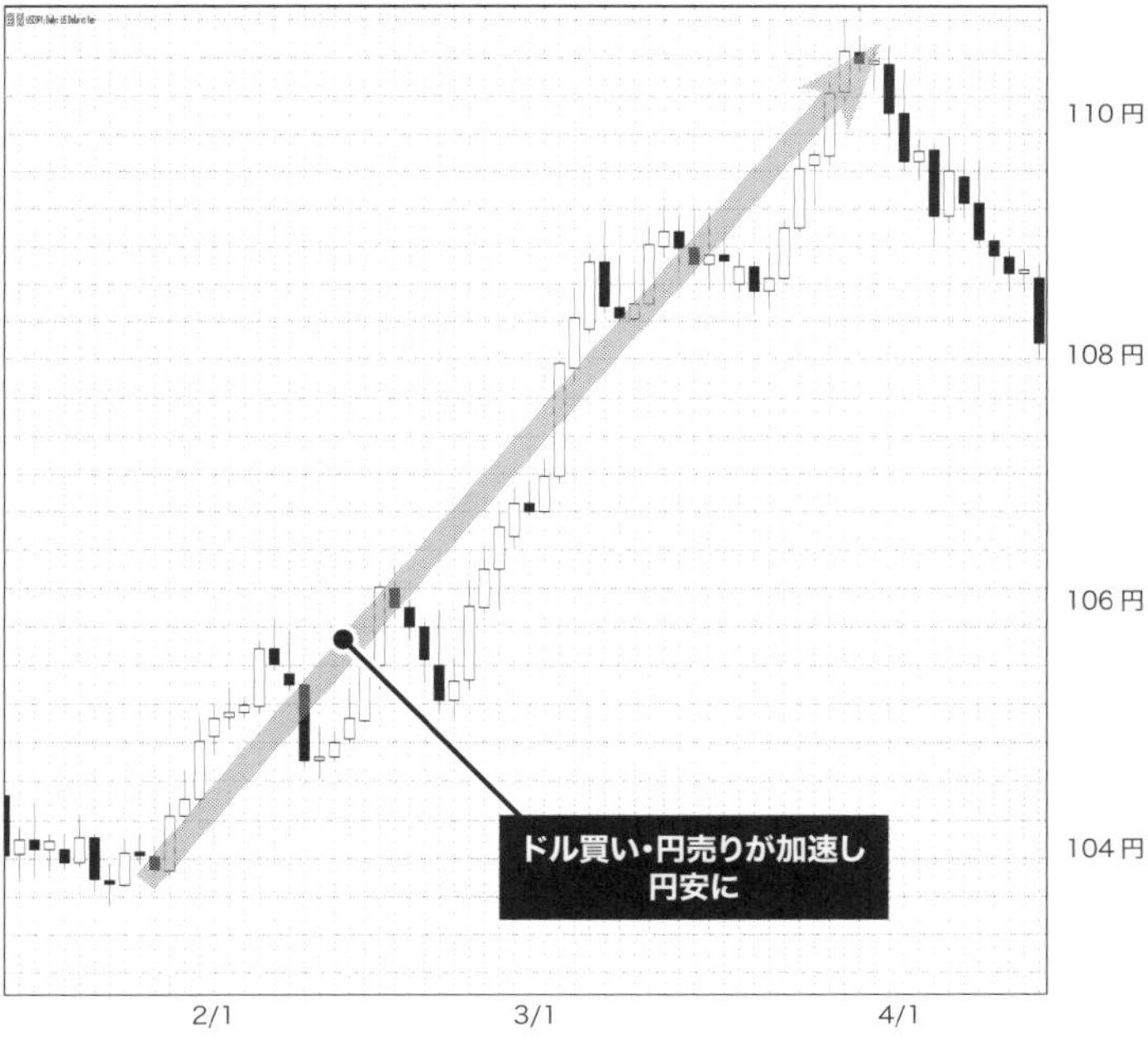

▶ 米国がコロナショックから立ち直り長期金利が上昇した

つかささんの考え方

1. 上昇トレンド中に30分足で雲を上に突き抜け、押し目をつくったので買いエントリー
2. ローソク足が雲の中に入ったのでイグジット

2月中旬くらいまではトレンドがはっきりしていなかったのでトレードをしていませんでした。

2月下旬から3月下旬にかけては、しっかりとトレンドが出ており、私の手法にあった相場だったので大きな利益を獲得することに成功しました。

まとめ

トレンドが出るのを待っていた結果、トレードがうまくはまった。

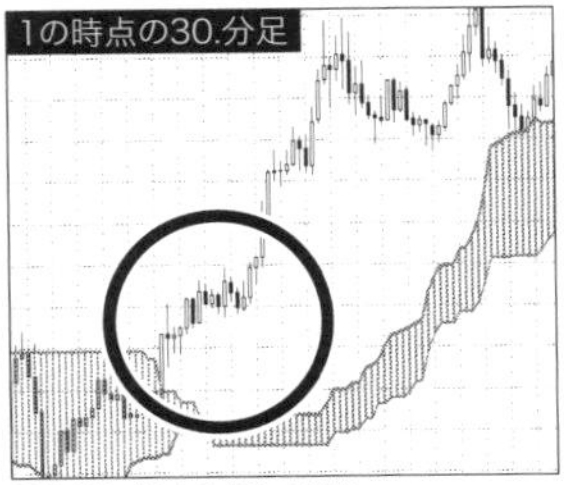

雲抜けに後よる押し目買い

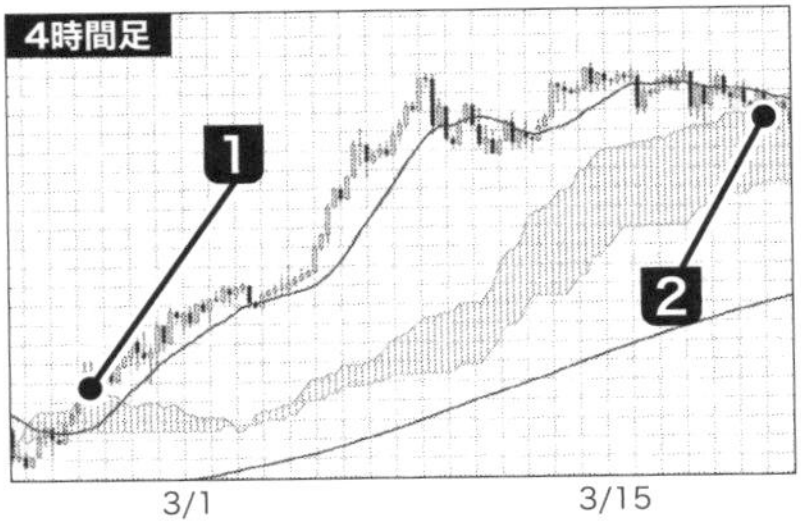

し～さんの考え方

1 上昇トレンド中に15分足でレジサポ転換が発生したので買いエントリー

2 直近高値にタッチしたのでイグジット

わかりやすい下降トレンドから上昇トレンドへと転換したタイミングで15分足でのレジサポ転換を狙って買いエントリーをしました。いったん半分はイグジットしたあと、残りのポジションは直近高値まで引っ張ってからイグジットしました。比較的きれいな上昇トレンドだったのでうまく行きました。

まとめ

上昇トレンドと判断してすぐにエントリーを行い、利益を獲得した。

レジサポ転換後の押し目買い

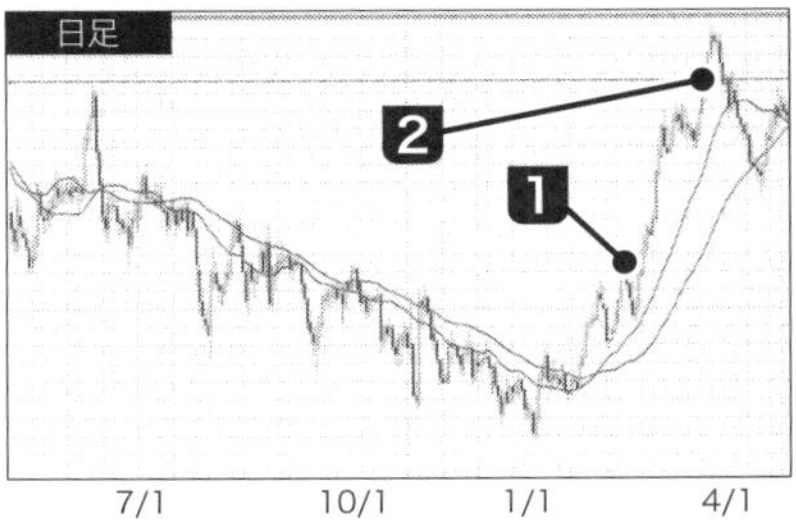

新型コロナウイルス感染症の影響で相場は大荒れ

08

コロナショックで為替相場が激しく動いた

２０２０年は新型コロナウイルス感染症の拡大により、相場は大きく変化しました（コロナショック）。

新型コロナの流行が本格的に始まるとドル需要が高まり、2月中旬に一時的に円安・ドル高になりました。しかし、その後リスクオフの動きが広まり、ＦＲＢが臨時のＦＯＭＣを開催し、緊急利下げと無制限の資産購入を実施したため、一転して3月上旬までは円高・ドル安に動きました。その後、世界的な危機を受けて、ドル需要が高まったことで、再度円安・ドル高に動きましたが、市場に大規模なドル供給が行われたことでじわじわと円高・ドル安へ振れていきました。

2020年2月～2020年12月

米ドル/日本円の日足チャート

新型コロナの影響で大きく相場が動いた

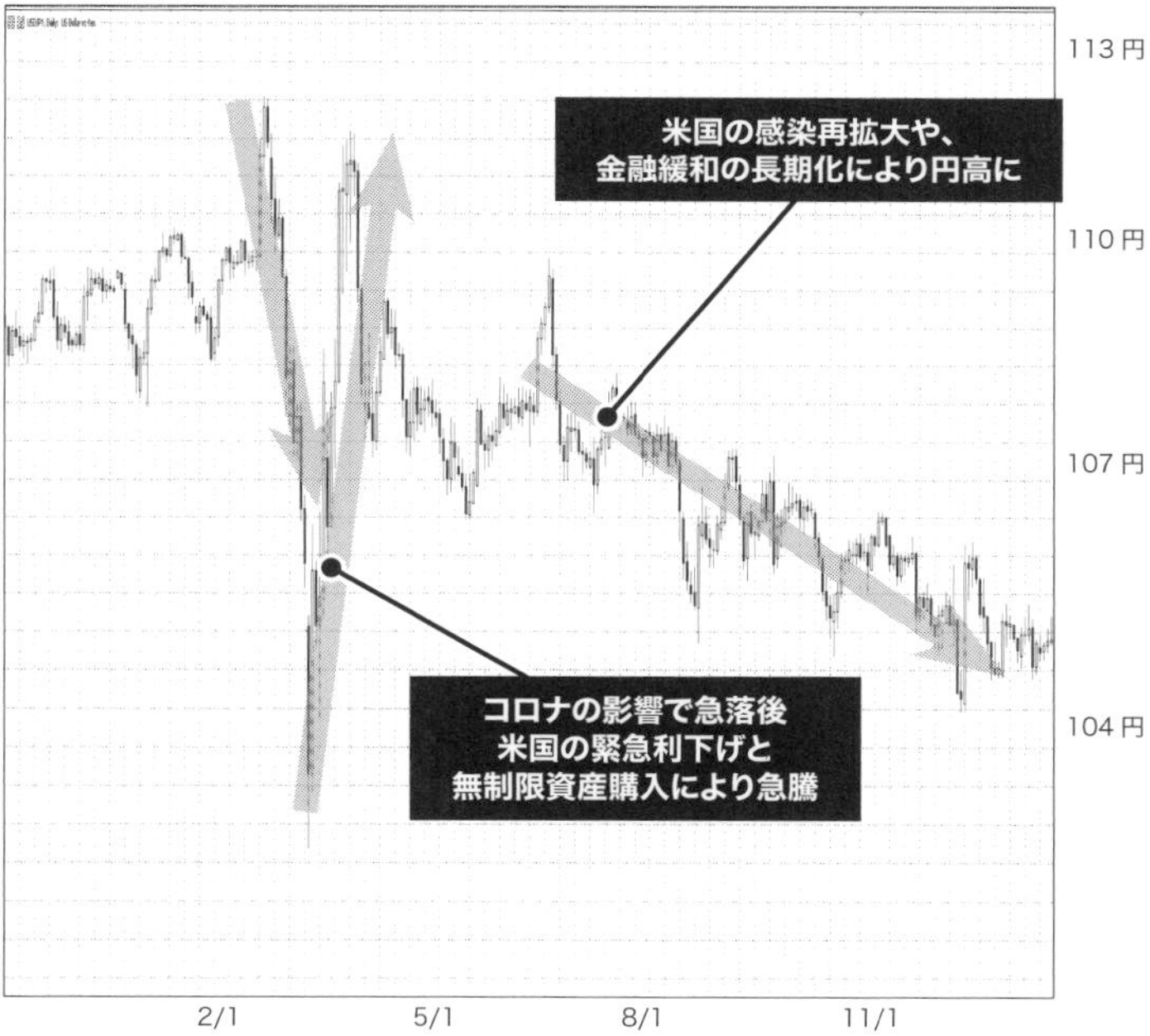

▶ 新型コロナの影響で急落後、米国の利下げなどもあり急騰

▶ 米国の感染再拡大や金融緩和の長期化、政治懸念などの影響で円高に

エニルさんの考え方

1 水平線を下に抜け、15分足でもラインを下にブレイクしながら戻りの形になったので売りエントリー

2 目標損切りの2倍のpips数になったので利食いをする

コロナショックで一時相場が大荒れしましたが、すぐに安定し、わかりやすい下降トレンドになったのでトレードを狙いました。ローソク足が水平線を下に抜けたことを理由に売りエントリーし、その後、目標損切りの2倍の含み益になったタイミングで利食いしました。

まとめ

相場が落ち着いたあとトレードをしてうまく利益を獲得した。

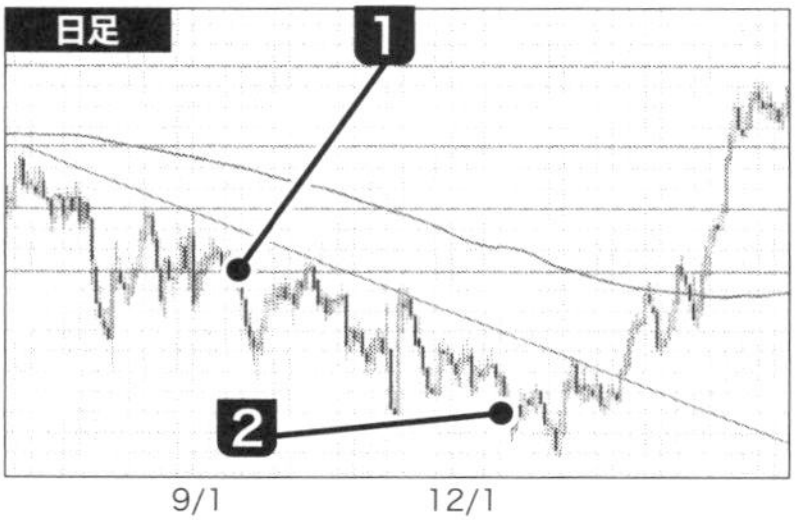

水平線ブレイク後の戻り売り

みくのすけさんの考え方

1 エクスパンションが発生し、ローソク足がミドルラインを下抜け、15分足で戻りが発生したので売りエントリー

2 スクイーズが発生し、ローソク足がもみあったので、イグジット

エクスパンション発生時に15分足で戻りを確認したあと売りエントリーをしました。しかし、すぐに相場は上昇し、あまり含み益がない状態での利食いになりました。相場が不安定だったので、トレードすべきではなかったかもしれません。

まとめ

利益は得られたものの、トレードすべきではなかったと反省している。

水平線ブレイク後の戻り売り

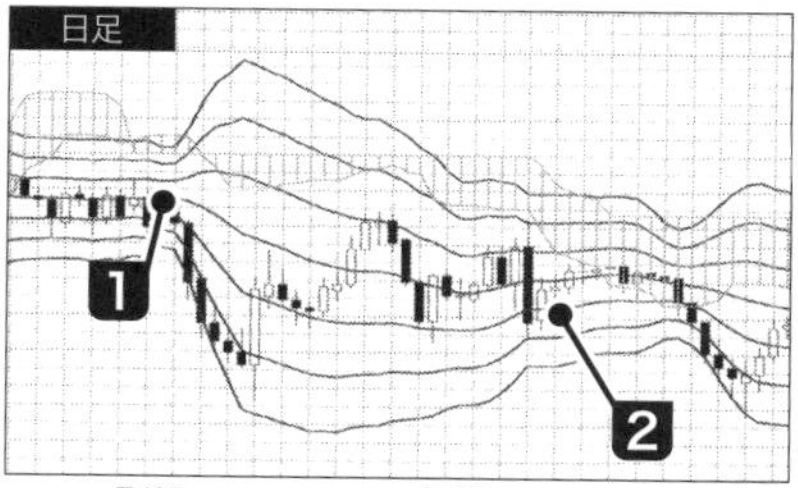

2020年初めは下落したものの、すぐに円安・ドル高に

09
イランショックからコロナウイルス発生までの動き

2020年1月3日に米軍によってイラン革命防衛隊（イラン軍）のソレイマニ司令官が殺害されました。その報復として1月8日にイラン軍が米軍駐留のイラク基地を攻撃したことによって米ドル／日本円はわずか4時間ほどで108円台から107円台まで下落しました。この一連の動きを「イランショック」と呼びます。その後、徐々に円安・ドル高方向に動きを変え、米中が通商協議の第1段階で合意すると17日には110円台にまで上昇しました。しかし、中国で発生した新型コロナウイルス感染症が世界に広がり始めたため、110円を高値として再びドル安へと押し戻されていきました。

2019年12月〜2020年2月

米ドル/日本円の日足チャート

イランショック後の動き

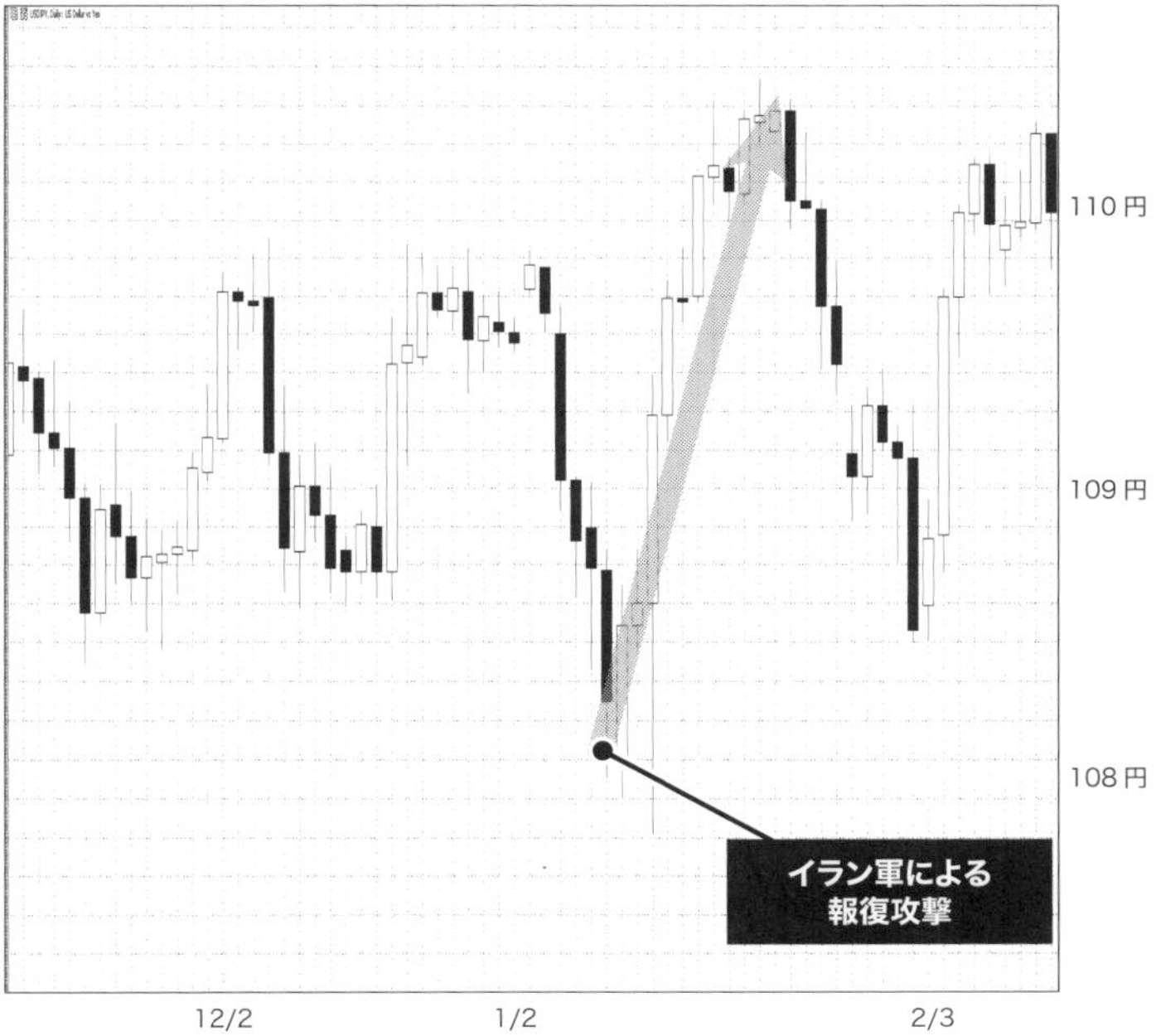

▶ 米軍によるイラン司令官の殺害

▶ イラン司令官殺害の報復のためにイラン軍が米軍駐留基地を攻撃

し〜さんの考え方

1 上昇トレンド中に15分足でレジサポ転換が発生したので買いエントリー

2 イランのニュースを見て利食い

米中貿易問題の影響もあって上昇トレンドが続いていたので、買いポジションを持っていましたが、イランのニュースでいったん利食いをしました。十分含み益もありましたので、リスク回避の動きとしては間違っていなかったと思います。

まとめ

リスク回避のため、イランのニュースが流れるとともに利食いをした。

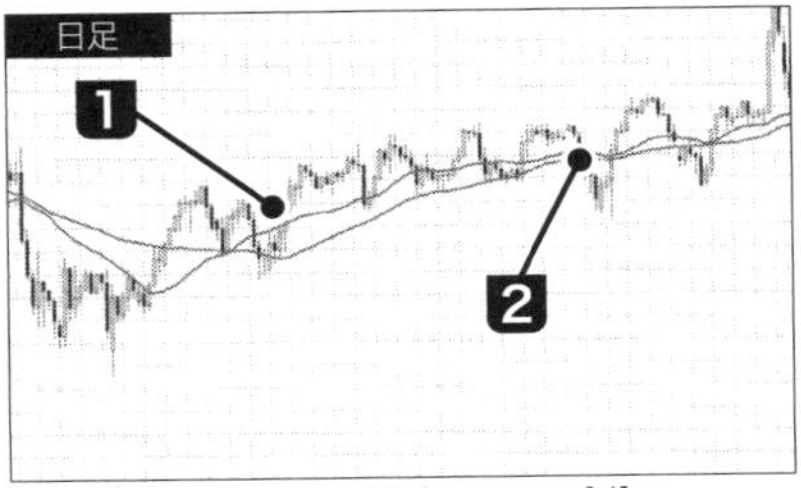

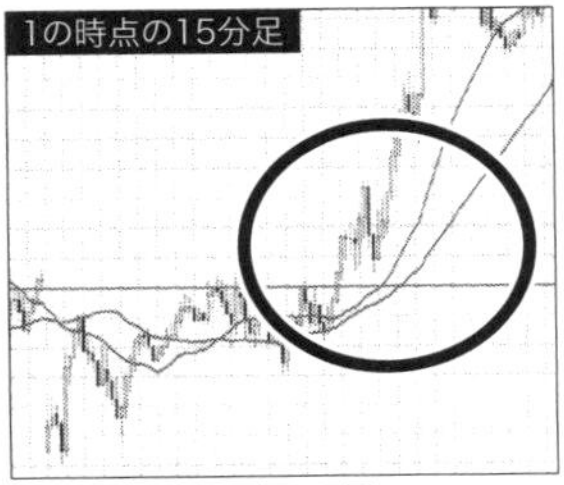

レジサポ転換後の押し目買い

みくのすけさんの考え方

1. エクスパンションが発生し、ローソク足がミドルラインを上抜け、15分足で押し目が発生したので買いエントリー
2. 大きく下落したので損切り

エクスパンションが発生して、押し目を確認してから、買いエントリーしましたが、すぐに大きく下落したので損切りをしました。エクスパンションのよくあるダマシにひっかかった形になり、失敗トレードになりました。

まとめ

ダマシにひっかかり損失を出してしまった。

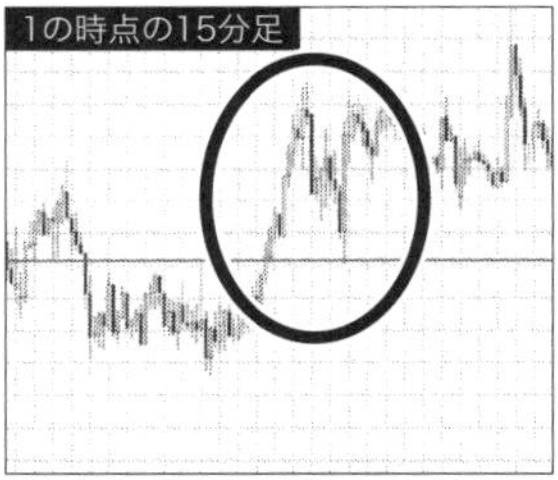

水平線ブレイク後後の押し目買い

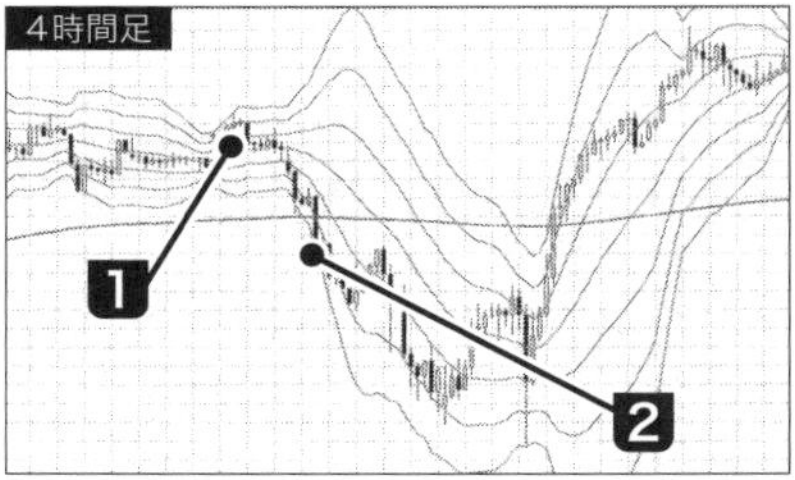

だれでもデキます!
FX最強の基本ワザ押し目買い・戻り売りが面白いほど決まる本

2023年7月31日　発行

編集・執筆
柳生大穂

カバーデザイン
ili_design

本文デザイン・DTP・図版作成
有限会社バウンド

校正
伊東道郎

制作にご協力いただい投資家
モコ/みくのすけ/エニル/し〜/りおな/つかさ

発行人
佐藤孔建

編集人
梅村俊広

発行・発売
東京都新宿区四谷三栄町12-4 竹田ビル3F
スタンダーズ株式会社
TEL：03(6380)6132
https://www.standards.co.jp/

印刷所
中央精版印刷株式会社

●本書の内容についてのお問い合わせは、下記メールアドレスにて、書名、ページ数とどこの箇所かを明記の上、ご連絡ください。ご質問の内容によってはお答えできないものや返答に時間がかかってしまうものもあります。予めご了承ください。

●お電話での質問、本書の内容を超えるご質問などには一切お答えできませんので、予めご了承ください。

●落丁本、乱丁本など不良品については、小社営業部（TEL:03-6380-6132）までお願いします。

e-mail ： info@standards.co.jp

お読みください

FX（外国為替証拠金取引）は、元本の補償がない損失が発生するリスクを伴う取引です。

本書は情報の提供を目的としたもので、その手法や知識について勧誘や売買を推奨するものではありません。

本書で解説している内容に関して万全を期しておりますが、その情報の正確性及び完全性を保証するものではありません。

製作、販売、および著者は、本書の情報による投資の結果に責任を負いません。

実際の投資にはご自身の判断と責任でご判断ください。